Love stories on stamps

邮票上的
爱情小说

全 国 百 佳 图 书 出 版 单 位
时代出版传媒股份有限公司
安 徽 人 民 出 版 社

目录
Contents

序言一
Foreword

方寸之间，见证爱情

陈宜安

"问世间情为何物,直教人生死相许。"爱情是人生的花蜜，更是文学的永恒主题。杨健、郝一舒两位教授新著的《邮票上的爱情小说》以卢梭、司汤达、雨果、小仲马等中国人耳熟能详的爱情经典为主题，借助一件件精美的邮品直观生动地展示世界各国对爱情经典的不同演绎，引领我们从邮票这面多棱镜中感受不同民族对爱情经典的表达、感悟与理解。阅读此书，就像徜徉在爱的长廊，让我们的心变得柔软，让我们在比较中深切感悟文化多元与爱的真谛。作为出身同济大学工科学府的杨健、郝一舒两位教授，他们对集邮倾注了极大的热情，他们把邮票中所蕴涵的知识，转化为自己的精神财富，并通过著述与读者分享。他们对人文经典的热忱，对方寸世界深刻领悟给我留下深刻印象，让我感佩至极。

《邮票上的爱情小说》是继《邮票上的童话诗人安徒生》之后，

杨健、郝一舒两位作者的又一部力著。2012年10月13日我曾有幸参加了两位教授的新著《邮票上的童话诗人安徒生》的首发式。感受到了作者通过邮票表达了人类的内在真诚的情感。如果说《邮票上的童话诗人安徒生》可以浓缩为"真、善、美",那么《邮票上的爱情小说》突出的就是一个"爱"。这些都是人类最美好的终极追求,也是当今仍然迫切需要弘扬的价值观。两位作者以方寸邮票展示真、善、美、爱的宏大主题,可谓用心良苦,他们真是值得我们大力称颂和认真学习的榜样。

　　《邮票上的爱情小说》不仅给我们展示了人类之爱,也给我们展示了白天鹅、梅花鹿等野生动物的爱情故事,还给我们展示了五彩缤纷的玫瑰花语。爱是宇宙永恒的奥秘,是跨越时空的恒久主题,人类社会需要爱情来延续,动物之间,人与动物,人与环境,乃至整个地球生态系统都需要爱情来维系,方寸之间,见证大爱,我想这就是《邮票上的爱情小说》试图给社会传递的正能量。

2014年2月12日

序言二
Foreword

重拾童年梦

毛亚宁

　　作者是我童年时代的邻居，小学里曾同窗6年，后来一起经历了中学时代和下乡务农的蹉跎岁月。不久前接到他的电话，告诉我《邮票上的爱情小说》即将写完，诚邀作序，切勿推辞云云。忐忑之余，心中不禁油然生起一种难以言状的敬意。我之所以忐忑，源于我不过是作者的一位儿时同窗发小而已，何堪当此大任！之所以心生敬意，源于《邮票上的爱情小说》的出版，实在是凝聚了作者一生的爱好与追求，这其中的艰辛与努力，怕是常人难以企及的。

　　作者从小颇有文学天赋，是班上公认的秀才，笔随意走，文章灵秀隽永，语文老师常常把他的文章标榜为范文在课堂上朗读讲解，其作文还经常会出现在学校的玻璃橱窗栏里。小学六年级时我和作者因为喜爱阅读，博览"童"书，被"静安区少年儿童图书馆"吸纳为年龄最小的读书小组成员，这是当年培养作家的摇篮啊！

随着"文革"运动的兴起，作者喜爱的集邮收藏焚毁了，文学梦破灭了……。七十年代初，我们一起到黑龙江逊克县下乡插队，作者在那样艰苦迷茫的环境下，并没有放弃文学的爱好和创作，曾在当时逊克县的文艺刊物《逊克文艺》上发表过一篇诗作，抒发自己翘首以待乡邮员的身影，盼望千里之外上海家书的情感。在当时离开上海千里之外的黑土地里，我们都还是十几岁的少年，置身于"日出而作，日落而息，凿井位饮，耕田为食"的农村生活，居然还有写诗的心情，让人难以忘怀。

2001年12月上旬的一天，我和分别23年的作者在其大学实验室相见，惊喜之余，感叹光阴似箭，人生易老。改革开放后，各自都在忙着学习、工作和家庭，而且又远隔万里，无暇顾及联络。那年他刚取得博士学位，并开始担任博士生导师，看得出工作压力很大。我们一起追忆童年快乐美好的时光，我说你从小语文最好，文章最好，为什么不扬长避短，弃工从文呢？我只是一句戏言，没想到真的激起了他埋藏在心底30年的文学梦。不想10年后再次相遇，我的一句戏言成真，他的文稿出版问世，而且和童年喜好的集邮兴趣相关联。

"集邮"一词最早是法国人海尔宾于1865年用法文书写，意思是爱好邮票。打开《邮票上的爱情小说》，一枚枚色彩斑斓、精美绝伦的邮票和一段段优美的文字描述，从图案、内容、意义和审美，到它的设计及历史背景，结合世界文学名著的作者和文学内容，娓娓道来，一一详尽地介绍给读者。欣赏的方寸邮票间迸出卢梭、夏多勃里昂、司汤达、雨果、梅里美、乔治·桑、小仲马、都德、莫泊桑这些文学大家名字和画面时，想起书中贵族小姐尤丽、印第安少女阿拉达、木匠儿子于连、吉普赛姑娘爱斯梅拉达、烟厂女工卡门、风尘女子茶花女和漂亮朋友迪鲁瓦等人物的故事与命运，想起在"文化大革命"期间学校停课，我和作者一起在家中偷偷互相借阅文学名著的往事。那时候传借阅读一本书的时间很短，一般不超过二天，那就得白昼黑夜不停地看，可以用如饥似渴、囫囵吞枣来形容。读后往往几天沉浸在小说的情景之中，感慨叹息，不能自拔。

集邮是一种世界性的文化活动，通过集邮进而实现对异国他乡文化的学习与了解是一种思想的跨越，而将集邮文化以文学赏析的方式再现于读者面前，无疑更是一种更为艰难的探索和创作。单就爱情文学名著一枝，可谓奇葩独秀。通过精美的邮票画面去了解经典爱情小说，以及19世纪以来世界变迁与人文美学的发展，通过阅读名作而焕发集邮的趣味情操，我想"借相得益彰之功，修书画同趣之妙"应该就是集邮文化意欲追求的高尚境界，同时也正是作者希望《邮票上的爱情小说》所能贡献的作用。

作者是大学老师，能够远离喧嚣，踏实著书，十年磨一剑，实现重拾童年文学梦的夙愿，实属不易。我钦佩作者的文采，但更为感动的是他能够通过方寸之间再现爱情文学的光芒。读了他的《邮票上的爱情小说》，让我体味到这样一个道理：集邮的最大收益绝非市贾升值，而在于集邮过程中文化素养的提升；文学的美丽绝不仅限于情节的感动，还在于那文字所呈现出的氛围与画面。其实，集邮的情趣原本是有个性的，要提升集邮文化的修为，《邮票上的爱情小说》不失为是一个极好的自修引擎。这让我不禁想起古人所云："有一介必吝者，有千金可轻者，而世之论取与，动曰所直几何，此乱语耳。"如果轻轻拭去心头的埃尘，然后走入这圣洁的画卷，"别有滋味在心头"的境界就在眼前了。

盛邀作序，其实难副，愿与作者共勉之。

2014年2月1日

love stories on stamps

邮票上的
爱情小说

邮票上的
爱情小说

1

卢梭

《两情人·新爱洛绮丝》

邮票上的爱情小说
Youpiaoshang De Aiqingxiaoshuo

书信体小说《两情人·新爱洛绮丝》代表了法国伟大的启蒙思想家、哲学家、教育家、文学家让·雅克·卢梭（Jean-Jacques Rousseau，1712—1778）对文学的主要贡献，爱洛绮丝本是法国12世纪时的一位美丽而天真的少女，她与老师、哲学家阿贝拉尔相爱而酿成悲剧。启蒙思想家卢梭，借用这个古老的爱情故事推陈出新，展现出他那个时代新的爱情悲剧。在小说里卢梭描写了美丽的田园风光、风土民情、自由思想、浪漫爱情……对后世的浪漫主义小说产生重要影响。卢梭站在人道主义立场，批判了以门当户对的阶级偏见为基础的封建婚姻，提出了以真实自然的感情为基础的婚姻理想，并对封建等级制度发出了强烈的抗议。作品细致抒情的心理描写，情景交融的美丽篇章，赢得了古今读者的赞赏。

　　卢梭是18世纪法国大革命的思想先驱，启蒙运动最卓越的代表人物之一。卢梭祖籍法国，但出生在日内瓦，父亲是个钟表匠。卢梭从小在乡下牧师处学拉丁文，从此爱上了乡村生活。12岁时，他开始当学徒自谋生路，受尽凌辱。16岁时逃离日内瓦，开始了衣食无着的流浪生活，像乞丐一样被送进宗教收容所，当过店员、杂役，受到许多不公平待遇。同时，他也有与他年龄不相符的特殊思想和体验。后来他又当过家庭教师，担任希腊主教的秘书，为教士抄过乐谱。

● 法国2005年3月19日发行《各地生活风情》系列第五枚小全张，共有十枚邮票，面值都是0.53欧元。其中第二枚，画面描绘了法国制造的两种精致典雅的时钟。

● 法国1956年11月10日发行一套著名人物邮票，共有六枚。其中邮票面值15法郎，邮票画面描绘了法国作家卢梭的画像。他的目光诚挚坦然，流露出自信和刚强，也似乎夹带着几分惆怅、几分忧郁。

● 瑞士1962年6月1日发行一套附捐邮票，共有五枚。其中邮票面值5分/附捐5分，纪念法国作家卢梭诞生250周年。画面描绘了他的画像：两条剑眉，蕴含敏锐思维；一双明眸，透射人性光辉。

● 瑞士1942年6月15日发行一枚附捐邮票，邮票面值10分/附捐10分，纪念日内瓦建城2000周年。画面描绘了日内瓦古时的城市风光。老城区的建筑群古朴典雅，石子铺成的街道，窄窄弯弯地向前延伸，仿佛是一只默默伸出的手臂，引向过去时光的童话之中。绿树掩映中，忽隐忽现的欧式建筑古朴凝重。

● 瑞士1935年12月1日发行一套妇女服饰邮票，共有三枚。其中邮票面值20分，画面描绘了身穿当地服饰的日内瓦姑娘，背景是日内瓦的莱芒湖。

● 瑞士2011年发行一套邮票，共有三枚，邮票面值都是100欧分，以瑞士的莱蒙湖为主题。三枚邮票的图案彼此相连，共同组成一幅完整的画面，描绘了莱芒湖的湖光山色。画面左侧湖畔描绘了拉沃梯田葡萄园，得益于这里充足的阳光和湖边湿润的气候，从而成为著名的葡萄酒产地。

● 苏联1962年4月29日发行一套著名作家邮票，共有两枚邮票，面值都是6戈比。其中第二枚邮票画面描绘了法国作家卢梭的画像，纪念他诞生250周年。

● 罗马尼亚1962年6月9日发行一套著名人物邮票，共有三枚。其中邮票面值40巴尼，画面描绘了法国作家卢梭的画像，纪念他诞生250周年。

● 法国1978年7月1日发行一枚著名人物附捐邮票，邮票面值1.00法郎/附捐0.20法郎，邮票和首日封画面描绘了法国作家诗人伏尔泰和卢梭的画像。

First Day Cover
Premier Jour d'Émission

Bicentenaire de la mort de VOLTAIRE
1188   et de J.J. ROUSSEAU

邮票
上的爱情小说

● 法国1978年7月1日发行伏尔泰和卢梭纪念邮票的极限片，描绘了这两位启蒙运动大师的彩色画像：伏尔泰双眉飞扬、眼神犀利，面容清瘦、气质聪颖；卢梭眉宇和善、双目坦诚，面相仁慈、表情敦厚。

　　1732年，同情卢梭的华伦夫人为他在土地登记处找了一个职位，二人不久同居，过了一段美好的田园生活。卢梭自学了拉丁文、音乐、植物学、物理、化学、哲学、历史、天文、地理等，成为一个学识渊博的人。1741年，他来到巴黎，遇见了狄德罗、达朗贝等年轻的启蒙思想家，开始为狄德罗主编的《百科全书》写音乐条目。卢梭39岁时，发表了著名文章《论科学与艺术》，从而一鸣惊人。

● 多荷美1968年12月16日发行一枚航空邮票，邮票面值100非共体法郎，纪念在阿比让举行的PHILEXAFRIQUE集邮展览。画面是画家范洛（Diderot L.M. Vanloo，1707—1771）的画作《狄德罗画像》：前庭饱满，蕴藏百科知识；鼻梁高耸，凝聚大师智慧；脸颊宽阔，包容天地风云；目光清澈，洞察人间万象。

● 摩尔多瓦2012年发行一套人物邮票，其中邮票面值8.50列伊，画面描绘了法国作家卢梭的画像，纪念他诞生300周年。画面背景是卢梭发表的各种著作。

● 美国1989年7月14日与法国联合发行一枚航空邮票，邮票面值45美分，纪念法国大革命200周年。画面用红色、白色和蓝色三种背景色描绘了自由、平等和博爱三位女神。

● 法国1984年3月17日发行一枚附捐邮票，面值2.00法郎/附捐0.40法郎，纪念法国著名思想家狄德罗逝世200周年。邮票和极限片画面是画家范洛的画作《狄德罗画像》，描绘了狄德罗一边思索，一边写信的情景。他与法国思想家伏尔泰、卢梭并称为法国18世纪启蒙运动的三驾马车。

● 法国1989年7月14日与美国联合发行一套邮票，共有三枚，邮票面值都是2.20法郎，纪念法国大革命和《人权宣言》颁布200周年。其中第一枚，邮票和极限片画面描绘了活泼可爱的自由女神；第二枚，邮票和极限片画面描绘了庄重睿智的平等女神；第三枚，邮票和极限片画面描绘了雍容慈祥的博爱女神。

● 法国1989年5月19日发行一枚邮票，邮票面值1.00法郎，邮票和极限片画面描绘了1789年法国大革命爆发时，在法国王宫前发生的情景。

● 法属圣皮埃密克隆岛1989年3月22日、5月3日和6月17日与法国联合发行一套邮票，共有三枚，邮票面值都是2.20法郎，纪念法国大革命和《人权宣言》颁布200周年。

　　1752年卢梭发表杰出的政治理论著作《社会契约论》，主张"人是生而平等的，却无往不在枷锁之中。自以为是其他一切人的主人的人，反而比其他一切人更是奴隶"。该书成为法国《人权宣言》的思想基础。《人权宣言》1789年8月26日颁布，是在法国大革命时期颁布的纲领性文件。人权宣言以美国的《独立宣言》为蓝本，采用18世纪的启蒙学说和自然权论，宣布自由、财产、安全和反抗压迫是天赋不可剥夺的人权，肯定了言论、信仰、著作和出版自由，阐明了司法、行政、立法三权分立、法律面前人人平等、私有财产神圣不可侵犯等原则。

　　书信体小说《两情人·新爱洛绮丝》中的男主角圣普乐是一个来自社会底层的青年，他才华横溢，具有坚强的人格和高尚的品德。故事开始时，圣普乐在阿尔卑斯山下的一户贵族家庭担任教师，爱上了他的学生、贵族小姐尤丽。爱情的烦恼使他禁不住写情书向爱人表白："……当我开始爱您的时候，我远没有看到我为我准备的一切灾难！开头我只觉得这是一场无望的恋爱，而随着时间的增长，理智可以战胜，而不久我认识到我更大的灾难是在使您讨厌的痛苦中。……您那光彩减弱了，一种奇怪的惨白笼罩着您的双颊，活泼和欢乐无情地离去……永别了，过分美丽的尤丽，请您平静地生活吧，请恢复您的欢快吧。从明天起，您就再也看不到我了。然而，请您相信，我点燃的那炽热而纯洁的爱情，在我终生都不会熄灭。"

GOYA : jeune femme lisant une lettre

● 法国1981年3月7日发行一枚名画附捐邮票，邮票面值1.40法郎/附捐0.30法郎，邮票、极限片和首日封画面是西班牙画家戈雅（Francisco José de Goya y Lucientes，1746—1828）的名画《情书》。

　　"情书"是邮票上经常表现的主题，其中最著名的是西班牙浪漫主义画家戈雅的名画《情书》，现收藏在法国里尔艺术博物馆。画面上一位女子正在聚精会神地读情书。她身旁一女仆忙于为她撑遮阳伞，有点慌乱，一静一动，形象生动。一只小狗正拉扯着女子衣裙，很是风趣。

● 戈雅是著名的西班牙浪漫主义画派画家，画风奇异多变，从早期巴洛克式画风到后期类似表现主义的作品，对后世的现实主义画派、浪漫主义画派和印象派都有很大的影响，是一位承前启后的杰出画家。

● 保加利亚1996年7月9日发行一枚以戈雅名画为主题的邮票，共有四枚邮票和一枚小型张。其中邮票面值8.00列弗，画面是西班牙画家戈雅的名画《情书》。

● 波兰2008年发行一枚欧罗巴"书信"专题邮票，邮票面值3兹罗提。画面中央描绘了一封书信，两侧描绘了刀叉餐具，寓意书信往来就像每日必须用餐一样重要。

● 圣马力诺2008年发行一套欧罗巴"书信"专题邮票，共有两枚邮票。其中第一枚邮票面值0.60欧元，画面描绘了一个男孩和一个女孩分别搭乘着"书信"的轮船，在茫茫的大海中相遇，相识，相知；第二枚邮票面值0.65欧元，画面描绘了男孩和女孩虽然各在地球的一方，间隔着高山和大海，却能通过放飞信鸽彼此联系。

● 列支敦士登1988年12月5日发行一套绘画邮票，共有三枚。其中邮票面值2.00瑞士法郎，邮票和极限片画面是德国洛可可风格画家Anton Hickel（1745—1798）的画作《写信》，描绘了光线幽暗的书房中，一位穿着华丽、表情矜持的贵族女子坐在书桌旁，手持着羽毛笔，正在凝神思考如何写信。

● 不丹1993年5月2日发行一套名画邮票，共有十五枚。其中邮票面值1努扎姆和15努扎姆，图案是法国洛可可风格画家让·奥诺雷·弗拉戈纳尔（Jean H. Fragonard，1732—1803）的画作《情书》，描绘了一位年轻姑娘收到情人的鲜花，其中还夹着一封情书，让她十分欣喜的情景。

　　贵族小姐尤丽是在极为严厉的礼法原则中长大，严厉到最纯洁的爱情似乎都是极端的有失体面，似乎一个规矩姑娘只要吐出第一个柔情的字开始，她就堕落了。但此时此刻，一直保持缄默和矜持的贵族小姐尤丽不得不承认自己也爱着这位家庭教师，而且越来越爱慕。从此，这两位情人瞒着尤丽的父母，开始了秘密的情书往来，叙述着彼此的柔情爱意。两人间缠结的感情，逐渐进入了形影不离、难分难舍的地步。

● 美国1997年2月4日发行一套情人节"爱心"邮票，共有两枚，邮票面值分别是32美分和55美分。邮票图案是一对在水中形影相随的天鹅，象征着坚贞不渝的爱情。

● 中国1983年11月18日发行一套以天鹅为主题的邮票，共四枚。邮票图案描绘了天鹅的各种姿态，表现天鹅的可爱形象。其中邮票面值8分，以天鹅情侣为主题，邮票和极限片图案表现的是天鹅情侣彼此脉脉含情地看着对方，仿佛在娓娓地倾诉衷肠。

● 天鹅保持着一种稀有的"一夫一妻制"，相伴终生。天鹅求偶的行为丰富，雌雄会趋于一致地做出相同的动作，还会体贴地互相梳理羽毛。如果一只死亡，另一只也确能为之"守节"，终生单独生活，象征着坚贞不渝的爱情。

● 联合国维也纳总部1986年11月14日发行一套绘画艺术邮票，共有四枚。其中邮票面值7.0奥地利先令，画面是奥地利画家Wolfang Hutter的抽象画作《天鹅神话》，极限片画面描绘了一对在水中形影相随、相亲相爱的白天鹅。

● 中国香港2001年2月1日发行一套祝愿邮票，共有六枚。其中邮票面值1.60港元，以"情人节快乐"为主题。邮票图案描绘了一对在水中相伴相随的天鹅。邮票左上角分别有中文和英文字样"我的祝愿"，邮票边纸上分别有中文和英文字样"情人节快乐"。

● 奥地利1992年5月22日发行一枚邮票，邮票面值5.50奥地利先令，以保护阿尔卑斯山为主题。邮票画面描绘了阿尔卑斯山的壮丽风景，以及周边欧洲国家的国旗，寓意这项保护运动的国际努力。极限片画面描绘了阿尔卑斯山雪峰巍峨、岩石嶙峋、角锋尖锐、挺拔峻峭的壮丽景色。

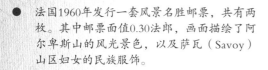

法国1960年发行一套风景名胜邮票,共有两枚。其中邮票面值0.30法郎,画面描绘了阿尔卑斯山的风光景色,以及萨瓦(Savoy)山区妇女的民族服饰。

德国2011年发行一枚欧罗巴专题邮票,邮票面值55欧分,以森林保护为主题。邮票图案笔触简练,内涵丰富,意境深远,表现独特,展现了森林生态系统的绚丽多彩和博大精深。

美国1974年6月6日发行一套绘画艺术邮票,共有八枚,邮票面值都是10美分,纪念国际邮联成立100周年。其中第七枚,画面是画家Gain sborough的画作,描绘了一名贵族淑女正在读信的情景。

列支敦士登1995年3月6日发行一枚邮票,邮票面值3.50瑞士法郎,纪念《欧洲风景年》(European Landscape of the Year,1995—1996)。邮票和极限片画面描绘了阿尔卑斯山的山谷风光,山峰巍峨耸立,山谷寂静幽深。树丛茂密繁盛,岸边怪石嶙峋。小溪蜿蜒曲折,水滴晶莹清澈。

有一次,圣普乐在热恋中离别尤丽前往华莱山区游览,写情书(第一部第23封信)时把他对尤丽梦幻般的思念,写得情真意切、淋漓尽致:"……我慢慢地攀登在艰难的

邮票上的爱情小说

山间小路上，常常被那些意想不到的景致打断。忽而无边无际的奇岩怪石在头上悬垂，危殆欲坠；忽而高空飞来喧嚣的瀑布，把我淹没在浓密的细雾中；忽而从远古奔来一股激流，在离我不远的地方冲刷出一个深渊。

……当我正心醉神迷地跑遍那些很少有人知道又令人景仰不止的地方，您在做什么呢？我的尤丽？……当我快乐时，我不会独自享受，为了和您分享，在我待的地方呼唤您。我所走过的路，没有一步不是我们一块走的；我所看见的景色，没有一处不是和您一块儿欣赏的；我所经过的树没有一棵不为您遮过荫，我所坐过的草地没有一处不供您歇过脚。我有时在您身旁帮助您浏览景物，有时在您膝前用深情凝视风光。前方有些障碍，我看您轻松地一跳而过，像一头幼鹿在母鹿身旁蹦跳。该不该跨过一道激流？我紧紧抱着我怀中的温柔之躯，以极大的乐趣，慢慢地渡过激流，并不急着要到达彼岸。"

● 中国1980年7月18日发行一套动物邮票，共有三枚，以梅花鹿为主题。其中邮票面值4分，画面描绘了雄鹿；邮票面值8分，画面描绘了母子鹿；邮票面值60分，画面描绘了群鹿。梅花鹿体形匀称，体

态优美，毛色随季节的改变而改变，夏季体毛为栗红色，在背脊两旁和体侧下缘镶嵌着有许多排列有序的白色斑点，状似梅花，在阳光下还会发出绚丽的光泽，因而得名。

● 列支敦士登2001年3月5日发行一枚欧罗巴《水，自然的财富》专题邮票，邮票面值1.30瑞士法郎。邮票和极限片画面描绘了一条晶莹透亮的山涧小溪，从翠绿的山谷里喷涌而出。

后来，尤丽让圣普乐回故乡去料理他的事务，并让他接受她所赠送的一笔钱。尤丽的父亲回来了，当听说圣普乐经常拒绝所有馈赠时，感到自尊心受到伤害。他把自己的救命恩人带回家，想把女儿嫁给他。尤丽对父亲的主意十分不满，认为父亲"把自己的女儿当作商品，当作奴隶"，以至十分焦虑而病倒。此时，圣普乐赶了回来，他悉心照顾尤丽，要求尤丽跟他私奔。但尤丽在父母与情人之间犹豫，拒绝了情人的计划。最后，爱情战胜了一切，她在与圣普乐的热恋中失去了童贞。

● 格林纳达1993年3月8日发行一枚邮票小型张，共有八枚邮票，邮票面值都是1东加勒比元，以法国画家让·安东尼·华多（Jean- Antoine Watteau，1684—1721）的画作为主题，纪念法国卢浮宫建成200周年。其中第一枚，画面是画家的画作《错误的一步》。他是法国18世纪洛可可时期最重要、最有影响力的一位画家，其画作善于捕捉住人物的瞬间动作和表情：偷

偷一瞥的眼神，袅娜多姿的动作，漫不经心的手势，翩翩起舞的姿态，装腔作势的行礼……各种各样转瞬即逝的生动形态，都被画家敏锐的目光和娴熟的技巧所捕捉再现。

● 爱尔兰1989年1月24日发行一套邮票，共有两枚，以爱情为主题。其中邮票面值28便士，画面是爱尔兰画家William Mulready（1786—1863）的画作《十四行诗》，描绘了一对年轻的情侣在幽静的树林里约会，姑娘正在惊讶地欣赏情人为她所作的十四行爱情诗，似乎已被深深打动。

● 挪威2008年发行一枚欧罗巴"书信"专题邮票，共有两枚，邮票面值都是A等邮资（6.50挪威克朗）。其中第一枚邮票，画面描绘了各种绚丽多彩的玫瑰花朵，以及由四种不同式样贺卡表达的LOVE（爱心）字样；第二枚邮票，画面描绘了一对爱情小鸟，各种玫瑰花朵，以及书写好的信笺。

● 芬兰1993年2月8日与爱沙尼亚联合发行一枚情人节邮票，邮票面值分别为一等邮资（2.00芬兰马克）和1.00爱沙尼亚克朗。画面描绘了鲜花和爱心，以及口衔情书的两只情人小鸟。

● 美国1984年1月31日发行一枚情人节邮票，邮票面值20美分。邮票极限片画面描绘了一名金发少女正伏案书写情书的情景，画面下方是"爱心，酿就了情人节的甜蜜"的英文字样。

- 德国2008年发行一枚欧罗巴"书信"专题邮票，邮票面值55欧分。画面描绘了一枚美丽的邮票，其图案中蓝天明媚，白云飘荡，阳光普照，月色皎洁，小鸟鸣唱，爱心炽热，寓意书信带给人们的关爱、慰藉、愉快和温暖。

- 美国1992年2月6日发行一枚情人节邮票，邮票面值29美分。画面描绘了红色的爱心和白色的信封，寓意爱意绵绵的情书。

- 波兰1993年2月14日发行一套情人节邮票，共有两枚。其中邮票面值3000兹罗提，画面描绘了红色的爱心和白色的信封，信封上写着"我爱你"的波兰文字样，寓意爱意绵绵的情书。

- 几内亚比绍2001年发行一枚邮票小型张，共有九枚邮票，邮票面值都是300几内亚比索，以法国印象派画家皮埃尔·奥古斯特·雷诺阿（Pierre-Auguste Renoir，1841—1919）的画作为主题。其中第八枚，画面描绘了阳光明媚，水色激滟，绅士和淑女准备乘坐小船去游湖的情景。雷诺阿是最受欢迎的印象派画家之一，他的绘画是一种快乐、一种愉悦，是世界的一种幸福的不附加条件的参与。色彩、光线、生活，就是这三样东西激励着他投身于绘画，倾注以全部的激情。他所表现的都是常见的日常生活：一个看书的妇女，一对跳舞的男女，一个露天的舞场等。

尤丽和圣普乐认识了贵族青年爱多阿尔·蓬斯冬，而爱多阿尔经常用美好的言辞赞美尤丽，引起了圣普乐的担忧。有一次，圣普乐与爱多阿尔为尤丽发生了冲突，提出进行决斗。尤丽得知后，马上写信给爱多阿尔，避免了流血事件的发生。爱多阿尔向尤丽父亲建议把她嫁给圣普乐，尤丽父亲对此很生气，并向女儿宣布，他绝不接受圣普乐做他的女婿。

　　圣普乐悲恸欲绝，尤丽鼓励他振作起来，利用他的才能发展事业，绝不要放弃道德和忘记她。后来，尤丽父亲命令尤丽与贵族德·伏勒玛结婚。婚后，尤丽向丈夫坦白了过去的爱情。德·伏勒玛表示对他们信任，便把圣普乐再度请回，担任尤丽孩子的家庭教师。两位昔日情人朝夕相见，极力克制自己的感情，但内心非常痛苦。

　　圣普乐写给好友的第四部第17封信十分著名，讲述了有一次圣普乐和尤丽两位旧日情人乘船游湖的情景。日出时分，他们和带着渔网的仆人和船夫一起来到湖畔，乘坐一条小船去打鱼。圣普乐带了猎枪，准备狩猎水鸟，但受到尤丽的责备，只得在船上学学湖里那些杓鹬、红脚鹬、青脚鹬和白脖鹬的叫声，偶尔向远处的水鸟放一声空枪。小船到达离开湖岸五百步的湖里捕了不少鱼，但是在尤丽的要求下，这些捕获的鱼都放回湖里放生了。

- 俄罗斯1999年1月29日发行一套邮票，共有五枚，以狩猎为主题。其中邮票面值1.50卢布，画面描绘了乘船在湖泊狩猎水鸟的情景：暮色苍茫，水色朦胧，一只小船藏身草丛；万顷碧波，一片宁静，几只水鸟受惊飞起。

- 丹麦法罗群岛1996年9月16日发行一套艺术邮票，共有三枚。其中邮票面值6.50丹麦克朗，画面是画作《划船回家的渔民》，描绘了无边的暮色苍茫朦胧，辽阔的水面起伏波澜。成群的飞鸟声声啼归，孤独的渔舟驶向岸边。

- 法国2013年发行一套绘画邮票，共有十二枚，邮票面值都是20g邮资（0.85欧元），以印象派画家的画作为主题。其中第四枚，画面是比利时印象派画家西奥·梵·里斯尔伯格（Théo van Rysselberghe）的画作《掌舵的男子》（L'homme à la barre），描绘了水面上掀起的惊涛骇浪，小船船尾的舵手神态自若，处变不惊，沉稳镇定地把握好小船的行驶方向。

接着小船向深水驶去，四周的湖光山色渐入佳境。但是骤然起了大风大浪，几乎把挣扎飘摇的小船吹翻打沉。大家奋力拼搏，终于摆脱了险境，登上湖岸。在休息的时候，圣普乐特意邀请尤丽到附近的山林里散步，因为这地方恰巧就是他的爱情"圣地"：十年前，圣普乐在热恋中离别尤丽，前往华莱山区游览，就在这里的山间小屋里，给她写了一封让她极受感动的情书（前述的第一部第23封信）。

● 奥地利1988年8月19日发行一枚风景邮票，邮票面值5奥地利先令，邮票和极限片画面描绘了克里姆尔瀑布（Krimmler Waterfalls）景色。该瀑布是阿尔卑斯山中落差最大的瀑布之一。

两人顺着弯弯曲曲的林间小道走了一小时，不知不觉穿过树林和岩石登上了山坡。他们来到了当年圣普乐的住处，一间既原始又荒凉的小屋。二十步开外，一条融雪造成的激流，夹带着泥沙和碎石咆哮奔腾，身后是无法攀登的悬崖峭壁。右边是些黑松林给他们伤感地遮着荫凉，左边矗立着一棵高大的橡树。他们脚下是阿尔卑斯山环抱中的一望无垠的湖水，远处便是阿尔卑斯山巍峨的冰雪山峰了。

● 瑞士2012年发行一套邮票，共有三枚，邮票面值都是100欧分。画面描绘了初升的太阳从阿尔卑斯山峰海拔2600米的马丁洞射出耀眼光芒的情景。该洞就像是个巍峨高山上天然窗口，因山体岩石受到巨大压力掉落而致。每年特定日期，太阳和月亮会从这个洞照射出光芒，形成难得一见的壮丽奇观。

● 挪威1984年4月10日发行一套邮票，共有三枚。其中邮票面值2.50挪威克朗，画面描绘了在小河边垂钓的情景；邮票面值3.00挪威克朗，画面描绘了两位钓鱼者从河里钓起一尾三文鱼的情景；极限片画面描绘了高山峡谷间一弯清澈的小河，如镜的水面倒映出远处白雪皑皑的山峰。一叶垂钓的扁舟心无羁留地随意飘荡，独自享受着万籁俱寂的安宁和野趣。

● 瑞士1998年11月25日与中国联合发行一套"瘦西湖和莱芒湖"邮票，共有两枚。其中邮票面值70瑞士分，邮票图案是瑞士的莱芒湖和汐雍城堡风光。莱芒湖又名日内瓦湖，是阿尔卑斯山区最大湖泊，湖水涟涟，烟霞万顷，湖面似镜。湖中有人工喷泉，喷出一股白练似的水柱，至高空又变成四溅的云雾，阳光照射，呈一若隐若现的彩虹。微风吹拂，水雾飘忽，又像一幅薄羽轻纱。

● 莫桑比克2004年发行一套邮票小全张，共有四枚。其中第三枚小全张共有六枚邮票，邮票面值都是10000梅蒂卡尔，以法国印象派画家雷诺阿的画作为主题。其中第一枚，画面是法国印象派画家雷诺阿1870年创作的画作《踏青》，描绘了一对绅士淑女在山林小径散步游玩的情景。

● 几内亚比绍2001年发行一枚邮票小型张，共有九枚邮票，邮票面值都是300几内亚比索，以法国印象派画家雷诺阿的画作为主题。其中第八枚，画面是法国印象派画家雷诺阿1870年创作的画作《踏青》。

他们走进那间依山而建的简陋小屋，圣普乐把尤丽领到一块岩石跟前，上面有上千处刻着她的名字，以及不少爱情的诗句。故地重游，人世沧桑，物换星移，感慨万千。圣普乐感慨地向她述说当年的衷情："哦，尤丽，我心中永恒的魅力！这里就是从前世界上最忠诚的情人为你叹息的地方，这里就是你那可爱的形象给他幸福的住所……那一块石头，我用过，我在上面写了那封让你感动的信，这些锋利的卵石我用来当刻刀刻你的名字……哦，相思太久的少女啊！我曾为你来到人世！不该在同一地方重新找到你吗？"

尤丽一句话没说，只是温存地看着他长叹一声，然后拉着他离开了那里。晚饭后，他们登上小船回家。两人保持着深沉的寂静，只有整齐而有节奏的划桨声阵阵传来。一轮明月当空，水面抖动银光，良辰美景赏心悦目，但无法让这两位旧日情人摆脱痛苦的回想。圣普乐在给朋友的信中写道："现在，我坐在她身边，看得见她，摸得着她，和她说话，热爱她，崇拜她，而几乎正在好像还占有她的时候，却感觉到永远失去了她。"在信的末尾，他发出质问："我何以会和她有这样大的距离？"最后，故事以女主人公尤丽在抑郁寡欢中不幸病逝而告终。

1846
IOWA

ESPAÑA
correos

PATRIMONIO MUNDIAL DE LA HUMANIDAD

2

夏多布里昂
《阿拉达》

邮票上 的 爱情小说

Youpiaoshang De Aiqingxiaoshuo

......密西西比河两岸呈现出一幅非常优美的画卷。在河的西岸，大草原一望无际，绿浪仿佛在远处升向天空，最后消失在蓝天中。在这广阔的草原上，野牛三五成群毫无目的地漫游。有时，一头年老的野牛从绿浪里游来，在密西西比河一个小岛上的草丛里躺下休息。它头上长着两个月牙形长角，年份悠久的胡须沾满淤泥，好像就是这条河的河神，以满意的目光审视着壮观的波浪和两岸茂盛的野生植物。

● 美国2001年4月19日发行一枚邮票小全张，共有十枚邮票，邮票面值都是34美分，以美国大草原（Great Plains Prairie）为主题。邮票小全张画面生动描绘了栖息在大草原的各种野生动植物，其中第一枚，画面为叉角羚（Pronghorns）和加拿大野鹅（Canada Geese）；第二枚，画面为穴居猫头鹰

（Burrowing Owls）和美洲野牛群（American Buffalos）；第三枚，画面为美洲野牛（American Buffalo）、黑尾草原犬鼠（Black-tailed Prairie Dogs）和野生紫花苜蓿（Wild Alfalfa）；第四枚，画面为黑尾草原犬鼠（Black-tailed Prairie Dog）和美国水牛（American Buffalos）；第五枚，画面为化妆小姐蝴蝶（Painted Lady Butterfly）、美洲野牛（American Buffalo）、草原锥形野花（Prairie Coneflowers）和草原野生玫瑰（Prairie Wild Roses）。

GREAT PLAINS PRAIRIE

THIRD IN A SERIES

NATURE OF AMERICA

● 第六枚，画面为西部草地鹨（Western Meadowlark），骆驼蟋蟀（Camel Cricket），草原锥形野花（Prairie Coneflowers）和草原野生玫瑰（Prairie Coneflowers）；第七枚，画面为獾（Badger）和收获机蚂蚁（Harvester Ants）；第八枚，画面为东方短角蜥（Eastern Short-horned Lizard）和平原口袋地鼠（Plains Pocket Gopher）；第九枚，画面为草原锄足虫（Plains Spadefoot），蜣螂（Dung Beetle）和草原野生玫瑰（Prairie Wild Roses）；第十枚，画面为双纹蚂蚱（Two-striped Grasshopper）和奥德袋鼠（Ord's Kangaroo Rat）。

● 美国1998年6月18日发行一枚邮票小全张，共有九枚邮票，纪念美国1898年发行"泛密西西比邮票（1898 Trans- Mississippi Stamps）"100周年。其中邮票面值4美分，画面描绘了当年印第安人在密西西比河畔广袤的草原上，骑着快马，拉弓射箭，猎杀野牛的情景；邮票面值1美元，画面描绘了一群野牛在原野上漫游的情景。

● 美国2001年3月29日发行一枚邮票小型张，共有七枚邮票，纪念1901年5月1日美国发行"泛美倒印邮票"100周年。其中三枚邮票面值分别是1美分、2美分和4美分，其图案分别对应于三枚"泛美倒印邮票"。另外四枚邮票相同，面值80美分，菱形图案描绘了美国野牛。小型张边纸图案描绘了美国野牛、女神和地球，寓意野牛在美国开发历史上的重要情结。

这就是西岸的景色。河对岸却全然不同，与西岸形成鲜明的对比。各种形状、颜色各异的树木散发出各种香味，有的倒挂在河水之上，有的群生在悬崖峭壁和山坡上，还有的生长在山谷中，它们肩并肩地往上长，高得让人看不到树梢。野生葡萄、紫葳和药西瓜藤缠绕着树干并顺着树干爬上树枝，藤蔓从槭树爬向鹅掌楸，又从鹅掌楸爬向向蜀葵，从而形成了无数的洞穴、拱门和柱廊。乱窜的藤蔓从这棵树搭到那棵树，经常跨越小支流，在河上架起一座座花的桥梁。树丛中冒出开满白花的玉兰树的雏形树顶，它高高挺立，俯视着整个森林。能够同它媲美的只有在它附近轻轻摇着绿扇的棕榈树……

- 美国2007年发行一套自然花卉邮票，共有四枚，邮票面值都是41美分。画面描绘了四种蓝色、红色、白色和紫色的花卉，以及采集它们花粉的蜜蜂、小鸟、蝙蝠和蝴蝶。

- 法国1948年7月3日发行一枚邮票，邮票面值18法郎，纪念法国著名作家夏多布里昂逝世100周年。邮票画面描绘了他的画像，以及他度过童年时代的贡堡。邮票极限片画面描绘了他年轻时代的画像：卷发轻灵飘逸，散发海风气息；眉宇英俊潇洒，暗藏忧郁伤感；目光清澈清亮，流盼诗人浪漫。

- 法国1977年2月19日发行一枚邮票，邮票面值2.40法郎，以布列塔尼半岛风光为主题。布列塔尼位于法国西北部，隔着英吉利海峡与英国遥遥相对，1532年才成为法国的领土，时至今日依然可嗅得英格兰的气息。其别具一格的风土人情深受法国人喜爱，粗犷壮伟的岩岸、平坦洁净的沙滩、安详纯朴的小镇、风味绝佳的海鲜，以及塞尔特人的生活形态都风情绮丽，仪态万方。

这是法国作家夏多布里昂（Vicomte de Chateaubriand，1768—1848）在小说《阿拉达》中对美国密西西比河的一段描写。他出生于布列塔尼地区圣·马洛城的一个贵族家庭，他父亲善于经商，购买了离圣米歇尔教堂山不远的贡堡（le chateau de Combourg），那里曾经是他们家族的领地。布列塔尼是一个大海与森林的省份，覆盖着金黄色的平原，长满了玫瑰色的欧石楠，微风和薄雾轻轻地漂浮在花岗岩峭壁上。

● 法国1977年4月23日发行一套欧罗巴专题邮票，共有两枚，以风景名胜为主题。其中邮票面值1.40法郎，邮票和极限片画面描绘了布列塔尼港口的景色，这仿佛是一个彩色斑斓的童话世界：白色的墙面，蓝色的屋顶，金色的田野，绿色的山林，蜿蜒的小路，高耸的尖塔，汹涌的海浪，远航的船帆……

● 摩纳哥1968年12月12日发行一套邮票，共有六枚，纪念法国作家夏多布里昂诞生200周年。其中邮票面值0.10法郎，画面描绘了夏多布里昂的画像，以及他的故居贡堡。

　　夏多布里昂在那里度过了自己忧郁而孤独的童年时光，只有在姐姐吕西尔的关怀中寻找快乐和温情。孤独

时，他迷恋于巨大的灌木丛，看着一片片枯叶被风追逐，在枯苇飒飒作响的干塘边发出无边的哀叹；狂热时，他向苍穹疾呼："我，永远是我！"在姐姐的影响下，夏多布里昂在散步时常常会思考人生的意义，幻想一个没有尘世纷扰的幽静所在。

中学毕业后，夏多布里昂面临着人生的重大抉择，需要一个属于自己的职业和未来。他不堪教会学校的清苦生活，也无意披上僧侣的长袍，只能回到祖业的领地贡堡，不时徘徊于荒原之上，出没于中世纪的古堡之中。1791年4月，夏多布里昂乘上了去美洲的客轮，在美国的巴尔的摩登岸，经纽约去了费城和哈德逊河谷等地游历。回国后，夏多布里昂先后又去布鲁塞尔、泽西岛、伦敦等地侨居，这种四处漂泊的生活使他逐渐开始自己的文学创作生涯。

PACIFIC COAST RAIN FOREST

SECOND IN A SERIES

NATURE OF AMERICA

邮票上的爱情小说

● 美国2000年3月29日发行一枚邮票小全张，共有十枚邮票，邮票面值都是33美分，以太平洋海岸热带雨林生态为主题。邮票小全张画面生动描绘了栖息在热带雨林的各种野生动植物。其中第一枚，邮票图案为丑角鸭（Harlequin Duck）；第二枚，邮票图案为Dwarf Oregongrape热带植物、吃蜗牛的地面甲虫（Snail-eating Ground Beetle）；第三枚，邮票图案为美国瓢虫（American Dipper）；第四枚，邮票图案为割喉鳟鱼（Cutthroat Trout）；第五枚，邮票图案为罗斯福麋鹿（Roosevelt Elk）；第六枚，邮票图案为冬季鹪鹩（Winter Wren）；第七枚，邮票图案为太平洋巨型蝾螈（Pacific giant Salamander）、粗皮蝾螈（Rough-skinned newt）；第八枚，邮票图案为西虎凤蝶（Western Tiger Swallowtail）；第九枚，邮票图案为道格拉斯松鼠（Douglas Squirrel）、Foliose地衣；第十枚，邮票图案为Foliose地衣，香蕉蛞蝓（Banana Slug）。

SOUTHERN FLORIDA WETLAND

EIGHTH IN A SERIES

NATURE OF AMERICA

● 美国2006年10月4日发行一枚邮票小全张，共有十枚邮票，邮票面值都是39美分，以佛罗里达南部湿地生态为主题。邮票小全张画面生动描绘了栖息在沼泽湿地的各种野生动植物。其中第一枚，邮票图案为蜗牛鹞子（Snail Kite）；第二枚，邮票图案为木鹳（Wood Storks）；第三枚，邮票图案为佛罗里达美洲豹（Florida Panther）；第四枚，邮票图案为白头鹰（Bald eagle）；第五枚，邮票图案为美洲短吻鳄（American Crocodile）；第六枚，邮票图案为玫瑰色琵鹭（Roseate Spoonbills）；第七枚，邮票图案为沼泽地水貂（Everglades Mink）；第八枚，邮票图案为海角麻雀（Cape Sable Seaside Sparrow）；第九枚，邮票图案为美洲短吻鳄（American Alligator）；第十枚，邮票图案为白鹮（White Ibis）。

● 法国1973年4月14日发行一套欧罗巴专题邮票，共有二枚。其中邮票面值50分，邮票和极限片画面描绘了布鲁塞尔的市政厅建筑。这是一座典型的佛兰德哥特式建筑，塔楼空灵高耸，其顶上有布鲁塞尔日守护神的铜像，已被联合国列入世界遗产建筑。

● 英属泽西岛1978年
5月1日发行一套欧
罗巴《古迹》专题
邮票，共有三枚。
其中邮票面值6便
士，画面描绘了岛
上的Orgueil 山岗；

邮票面值8便士，画面描绘了St. Aubin 堡垒；邮票面值10.5便士，画面描绘了岛上的伊丽莎白城堡
（Elizabeth Castle）。

● 英属泽西岛1986年6月17日发
行一套邮票，共有五枚，以
岛上著名建筑古迹为主题。
其中邮票面值10便士，画面
是Le Rat 农舍建筑；邮票面
值14便士，画面是The Elms
房屋建筑；邮票面值22便

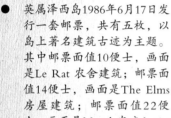

士，画面是Morel 农庄入口；邮票面值29便士，画面是Quetivel磨坊建筑；邮票面值31便士，画面
是La Vallette房屋建筑。

　　1797年，夏多布里昂的作品首次问世。1800年他回到拿破仑统治的法国，1801
年发表了中篇小说《阿达拉》，反映了人类感情和理智的尖锐冲突，获得轰动效
应，从而一举成名，成为杰出的浪漫主义作家。夏多布里昂的游记写得很有特色，
将对大自然的描写与对精神世界的求索融为一体。他对美洲的山山水水、飞禽走
兽、花鸟鱼虫都注入了自己真挚而热烈的感情，作了生动的描写。

● 美国1978年6月10日发行一枚
邮票小型张，共有八枚邮票，
邮票面值都是13美分，以美
国-加拿大边界地区的野生
动物为主题。邮票画面分别
描绘了红羽鸟（Cardinal）、
野鸭（Mallard）、加拿大野
鹅（Canada goose）、蓝松鸦
（Blue jay）、驼鹿（Moose）、
花栗鼠（Chipmunk）、
红狐狸（Red fox）和浣熊
（Raccoon）。

夏多布里昂一生创作宏丰，题材多样，有小说、传记、游记、论著、散文、随笔和回忆录等，其中代表性作品包括中篇小说《阿达拉》、《勒内》、《末代王孙》，回忆录《墓畔回忆录》，游记《美洲游记》等。当法国文学大师雨果出世时，夏多布里昂恰好34岁。当雨果也对文学和荣耀萌生热爱之心时，夏多布里昂已经功成名就。于是少年雨果立下宏愿："要么成为夏多布里昂，要么一无所成。"可见夏多布里昂在当时文坛的地位和影响。

《阿达拉》是夏多布里昂1801年发表的中篇小说，标志着浪漫主义文学的开始。小说以异域风光作为背景，写一对宗教信仰不同的异族青年的爱情悲剧。故事发生在北美洲密西西比河畔的森林和荒原地带，被造物主之手安置在这个庇护所的无数动物给这儿带来了欢乐和生机。

● 美国1971年6月12日发行一套邮票，共有四枚，邮票面值都是8分，以野生动物保护为主题。其中第一枚，画面描绘了鳟鱼（Trout）；第二枚，画面描绘了鳄鱼（Alligator）；第三枚，画面描绘了北极熊（Polar Bear）；第四枚，画面描绘了加州秃鹰（California Condor）。

● 美国1981年6月26日发行一套邮票，共有四枚，邮票面值都是18分，以保护野生动物栖息地为主题。其中第一枚，画面描绘了湿地的野生动物；第二枚，画面描绘了草原的野生动物；第三枚，画面描绘了高山的野生动物；第四枚，画面描绘了森林的野生动物。

● 美国1972年9月20日发行一套邮票，共有四枚，邮票面值都是8分，以野生动物保护为主题。其中第一枚，画面描绘了海狗（Fur Seal）；第二枚，画面描绘了红羽鸟（Cardinal）；第三枚，画面描绘了棕色鹈鹕（Brown Pelican）；第四枚，画面描绘了大角羊（Bighorn Sheep）。

在林荫道的另一头可以看到吃葡萄吃得醉醺醺的熊踏着榆树枝在摇摇晃晃地行走，加拿大驯鹿在一个湖里洗浴，黑松鼠在厚厚的树叶丛中玩耍，弗吉尼亚鸽子飞落在被草莓染红的细草地上，黄头绿鹦鹉、紫红色的绿嘴啄木鸟和火红色的红雀绕着树干攀上柏树梢，蜂鸟在佛罗里达茉莉花上闪闪发光，嘴里发出阵阵嘶鸣的食鸟蛇像藤蔓一样悬挂在穹形的树枝下摇晃不停。

河对岸的大草原舒展着宁静和安闲，而这边的森林则是嘈杂着运动和声响：鸟嘴在橡树上的啄食声、动物的走动声、潺潺流水声、微弱的鸟鸣声、深沉的牛叫声以及优美的斑鸠咕咕声，使这块荒无人烟的地方充满了既亲切又原始的和谐气氛。然而，每当微风打破宁静，摆动着那些漂浮的物体，将白色的、天蓝色的和玫瑰色的植物混合起来，使各种颜色揉和在一起并将所有的声音汇集起来时，无法用语言描绘出从树林深处发出的声音和眼前出现的景色。

- 美国2013年发行一套花卉邮票，共有四枚，邮票面值都是平信的永久邮资（46美分）。画面描绘了五彩缤纷的美国鲜花。

- 巴拉圭1976年9月9日发行一套美国西部绘画邮票，共有八枚，纪念美国建国200周年。其中邮票面值1巴拉尼，画面是E.C.Ward的画作，描绘了西部牛仔骑马驰骋的情景；邮票面值2巴拉尼，画面是William Robinson Leigh的画作，描绘了西部牛仔骑着骏马，穿山越岭的情景；邮票面值3巴拉尼，画面是A.J.Miller的画作，描绘了印第安武士身骑战马，一身戎装的威武形象；邮票面值4巴拉尼，画面是Charles Russell的画作，描绘了西部发生的战斗情景。邮票面值5巴拉尼，画面是Frederic Remington的画作，描绘了西部牛仔骑着快马进行枪战的情景；邮票面值10巴拉尼，画面是Remington的画作，描绘了印第安武士的军旅生活；邮票面值15巴拉尼，画面是Carl Bodmer的画作，描绘了印第安武士的军旅生活。

- 密西西比河畔的平原上有成千上万头野牛，纵横驰骋，势不可挡。而生活在这里的印第安人就是靠英勇战胜牛群而生存下来的，他们用牛皮、牛筋建造房子，制作衣服和鞋子；用牛粪做燃料。为了获得足够的食物，印第安人追寻野牛行踪，伺机捕猎。面对凶猛的野牛等野兽，他们一不小心就会遭到兽群的践踏，只能祈祷神灵的庇护保佑他们。

● 美国2001年2月1日发行一枚邮票小全张，共有二十枚邮票，邮票面值都是34美分，以美国著名的插图画家为主题。其中第十六枚，画面是画家Frederic Remington的插图作品《A Dash for the Timber》，生动描绘了西部牛仔骑马进行枪战的情景。

故事中的男主角名叫沙克达斯，是当地印第安人那契部落的青年。在一次部落战争中，那契部落与西班牙人联手，与佛罗里达最强大的穆斯科古奇部落作战，但以溃败告终。沙克达斯的父亲不幸战死，沙克达斯负伤后溃逃至西班牙人控制的城市圣奥古斯，一个名叫洛佩兹的西班牙老人收留了他，对他的照顾无微不至。

George Catlin (1796-1872) 32 USA

Thomas Moran (1837-1926) 32 USA

Albert Bierstadt (1830-1902) 32 USA

● 美国1998年8月27日发行一枚邮票小全张，共有20枚邮票，邮票面值都是32美分，以绘画艺术为主题。其中第十一枚，画面是画家George Catlin的画作《部落首领》；第十二枚，画面是画家Thomas Moran的画作《美国西部格林河的悬崖峭壁》；第十三枚，画面是画家Albert Bierstadt的画作《最后一只美国野牛》。

● 巴拉圭1975年11月20日发行一套绘画艺术邮票，共有八枚，纪念美国独立200周年。其中邮票面值0.15巴拉圭瓜拉尼，画面是画家George Catlin的画作《部落首领》。

但过了两年多，沙克达斯十分怀念家乡，执意离开城市，回到了故土的森林和荒原。由于经验不足，他很快就要被那里的穆斯科古奇人抓获，不久将被残忍地处死。但该部落的穆斯科古奇妇女却对这位英俊勇武的异族年轻人十分好奇和同情，其中包括部族酋长西马甘的女儿阿拉达。

● 美国1989年1月15日发行一枚邮票，邮票面值25美分，纪念密西西比流域的蒙大拿州建立100周年。画面是画家Charles M.Russell（1865—1926）的画作《查尔斯·罗素和朋友们》，查尔斯·罗素是美国著名的西部艺术家之一，一生创作了超过2000个牛仔和印第安人的形象，以及描绘美国西部风景的绘画。

● 美国1998年5月29日发行一枚邮票，邮票面值32美分，纪念密西西比流域的威斯康星州（Wisconsin）150周年。画面描绘了威斯康星州的美丽景色：蓝天阳光灿烂，白云长空舒展。沃野千里连绵，农庄几家红墙。

● 美国1996年8月1日发行一枚邮票，邮票面值32美分，纪念密西西比流域的爱荷华州（Iowa）150周年。画面描绘了该州的美丽景色：平原坦荡开阔，土壤肥沃丰饶，草地翠绿如茵，树林繁茂葱茏。

● 美国1996年6月7日发行一套邮票，共有五枚，邮票面值都是32美分，以印第安人舞蹈为主题。其中第一枚，画面描绘了幻想舞；第二枚，画面描绘了蝴蝶舞；第三枚，画面描绘了传统舞；第四枚，画面描绘了乌鸦舞；第五枚，画面描绘了圆环舞。

● 巴拉圭1976年9月9日发行一套美国西部绘画邮票，共有八枚，纪念美国建国200周年。其中邮票面值20巴拉尼，画面是A.J.miller画作，描绘了印第安女子的矫健身手。

● 加拿大1971年8月11日发行一枚绘画邮票，邮票面值7分，画面是画家Paul Kane（1810—1871）的画作《休伦湖（Lake Huron）畔的印第安人营地》。

邮票上的爱情小说

● 美国2008年发行一枚邮票，邮票面值42分，纪念密西西比流域的明尼苏达州（Minnesota）150周年。该州湖泊众多，其名称亦来自于当地印第安人对明尼苏达河的称呼，意思是"白烟的水"或"天色的水"。邮票画面描绘了明尼苏达州傍晚时分的湖面景色：雾霭朦胧，树丛影影绰绰；晚霞落在水中，湖面荡漾余晖。

● 联合国纽约总部1991年3月15日发行一套邮票，共有四枚，邮票面值都是30美分，纪念欧洲经济会议。四枚邮票的图案彼此相连，构成一幅完整的画面，描绘了大自然山川秀丽、万物栖息的美丽生态系统。

　　阿拉达长得很美，脸上流露着纯洁和多情，目光中蕴含着同情和忧郁，微笑起来像天使一样。每天晚上，她都来与这位异族的俘虏相会，倾诉着彼此的心声。一次，阿拉达设法支开了看守，有意让沙克达斯趁机逃脱。但沙克达斯希望阿拉达和他一起到森林安身，不肯只身逃离。阿拉达听后大惊失色："……这种激情会把我们引向何方？我的宗教使我永远远离你……"

　　后来，为了拯救沙克达斯的生命，阿拉达终于冒着危险，用礼物收买了巫师，用烧酒灌醉了刽子手，和沙克达斯一起逃离了穆斯科古奇部落。他们每天在茫茫的森林和荒原里餐风宿露，相依为命，游过孤独的河流，穿越古老的森林，品尝山野的鲜果。

联合国纽约总部
1988年3月18日
发行一套邮票，
共有两枚，邮票
面值分别是25美
分和44美分，以
保护森林资源为
主题。

联合国维也纳总
部1988年3月18日
发行一套邮票，
共有两枚，邮票
面值分别是4奥地
利先令和5奥地利
先令，以保护森
林资源为主题。

美国2001年5月30日发行一枚航空邮票，邮票面值60美分，画面描绘了阿卡迪亚国家公园（Acadia National Park）的美丽景色：嶙峋的礁石、苍郁的森林、高耸的山峰、深邃的峡湾。

美国1999年7月30日发行一枚航空邮票，邮票面值40美分，画面描绘了格兰德河（Rio Grande）的美丽景色。该河源自美国科罗拉多州西南部落基山区的圣胡安山，接纳高山雪水，切割成一系列峡谷，水流清澈湍急。从埃尔帕索至普雷西迪奥为中游河段，在得克萨斯形成一个大湾，景色十分壮观，设有大湾国家公园。

● 摩纳哥2002年1月1日发行一套动植物邮票，共有十枚。其中邮票面值0.10欧元，画面描绘了一对情人大山雀（Parus major），长相美丽清秀，鸣声清脆悦耳，正在树林枝头亲热地叽叽喳喳、卿卿我我。

● 奥地利2003年3月21日发行一枚爱情邮票，邮票面值0.58欧元，画面描绘了红色的爱心、金色戒指和一对相亲相爱的爱情鸽子。

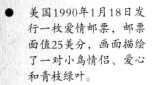

● 美国1990年1月18日发行一枚爱情邮票，邮票面值25美分，画面描绘了一对小鸟情侣、爱心和青枝绿叶。

● 美国2006年5月1日发行一枚爱情邮票，邮票面值39美分，画面描绘了一对小鸟情侣和青枝绿叶。

● 中国香港2007年发行一套礼仪问候邮票，共有四枚。其中邮票面值本地邮资，以"心思心意"为主题。画面描绘了一对小鸟情侣站在绿树枝头相亲相爱的情景。

● 波兰2008年发行一套气象景色邮票，共有四枚。其中邮票面值1.35兹罗提，画面描绘了天空中乌云密布，霹雳惊魂，电闪雷鸣的情景。

● 德国2009年发行一套天空景色为主题的附捐邮票，共有四枚。邮票面值145欧分/附捐55欧分，画面描绘了雷声轰响，闪电耀眼的光芒，划破了黑沉沉的天空，像是天幕上舞动的一条条金龙和银蛇，肆意地翻腾着，盘旋着。

但阿拉达好像变得越来越忧伤，似乎心里深处隐藏着某种秘密。原来她的生父是一个西班牙白人，就是圣奥古斯的洛佩兹。因此，她是一名天主教徒，与父母一样信奉上帝。当阿拉达得知自己的父亲其实就是沙克达斯的恩主时，他们爱上加爱，关系更加亲密。一天晚上，正当阿拉达对沙克达斯爱情的抵抗越来越微弱时，一道巨大的闪电划破夜空。

- 列支敦士登2007年11月19日发行一套邮票，共有三枚，以自然现象为主题。其中邮票面值100瑞士分，画面描绘了一道银白色的闪电在漆黑的夜空中点燃的情景。

- 瑞士2004年11月23日发行一枚邮票，邮票面值85欧分，纪念2004年的邮票日。画面描绘了乌云密布的空中出现一道明亮的闪电，像是一条银色的巨蟒张牙舞爪，梦幻般地在黑沉沉的天幕里尽情延伸，燃烧着炽热的火焰和光芒，惊心动魄地勾画出河流上桥梁栏杆的轮廓，以及河面上波光激滟的水色。

这时，一位山里的老神甫在森林里找到了他们，并把他们带到山洞里庇护安置。第二天，沙克达斯跟老神甫到附近的村里传教，当他们回到栖身的山洞时，却发现阿拉达已经重病在床。此时，阿拉达终于向沙克达斯道出了自己深藏的秘密："我悲伤的命运在我出生之前就已经开始了。母亲在痛苦中怀上了我，生我时非常痛苦，人们当时对我能否成活已经失去希望。为了救我，母亲许了一个愿，她答应圣母，如果我能逃过死劫，我便永不嫁人……正是这要命的誓愿把我推向死亡！"阿拉达的母亲临死时要女儿遵守她的誓愿，否则她的灵魂会永远痛苦。

- 摩纳哥1972年1月18日发行一套绘画艺术邮票，共有两枚。其中邮票面值2.00法郎，画面是法国印象派女画家贝尔特·莫里索（Berthe Morisot, 1841—1895）的作品《摇篮》。这幅画作是女画家第一次参加印象派画家展览的作品之一。画中描绘一位年轻的母亲注视着自己入睡的孩子情景，母亲和在纱帐内熟睡的婴儿构成了极为深情与和谐优雅的画面，毫无矫揉造作之态，这是出于一位温情女性之心理情感，这使画面十分纯洁，难怪印象派画家雷诺阿称誉她为"纯洁的天才"，把她视作为优秀的室内情景画家。这幅画以笔触流畅、色调清新留在人们记忆中。

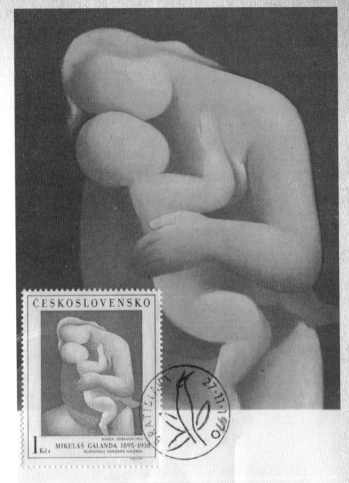

- 法国1995年10月7日发行一枚绘画艺术邮票，邮票面值6.70法郎，画面是法国印象派女画家贝尔特·莫里索的著名作品《摇篮》。

- 捷克1970年11月27日发行一套绘画艺术邮票，共有五枚。其中邮票面值1捷克克朗，画面是画家Mikulas Galanda的抽象画《坐着的母亲》，生动描绘了母亲呵护和疼爱孩子的情景。

- 苏联1978年3月3日发行一套绘画艺术邮票，共有五枚，以画家Boris Mikhailovich Kustodiev（1878—1927）的画作为主题。其中邮票面值10戈比，图案是画作《早晨》，描绘了一个平常而温馨的家庭场面：早晨的金色阳光透过窗纱，暖融融地投射在浴盆中的婴儿身上，一旁的母亲细心地呵护着婴儿，用慈爱照亮着他人生的早晨。

● 摩纳哥1968年12月12日发行一套邮票，共有六枚，纪念法国作家夏多布里昂诞生200周年。其中邮票面值2.30法郎，画面描绘了《阿达拉》中的故事情景：当沙克达斯和老神甫回到栖身的山洞时，却发现阿拉达已经重病在床，奄奄一息。

● 爱尔兰1989年4月11日发行一套邮票，共有四枚，以国家公园和花园为主题。其中邮票面值28便士，邮票与极限片画面描绘了Glenveagh国家公园的风光景色，远山影影绰绰，树林郁郁葱葱，小河孤孤单单，流水涓涓潺潺，野花丛丛簇簇，马鹿三三两两。

因此，当阿拉达与沙克达斯逐渐坠入爱河时，阿拉达内心的痛苦与日俱增。当她发现自己已经无法抵御爱情时，为了不背叛母亲，终于服下了毒药。临终时，阿拉达希望沙克达斯皈依基督教，以后在天堂里他们可以永远相会。这个美丽而悲凉的故事，就像密西西比河流不尽的河水和荒原上开不完的野花，一代代传了下来。

邮票

上的爱情小说

3

夏多布里昂

《末代王孙》

邮票上的爱情小说

Youpiaoshang De Aiqingxiaoshuo

中篇小说《末代王孙》讲述了一个异国风韵的爱情故事。13世纪初，一部分摩尔人（北非穆斯林）由非洲进入西班牙南部，在格拉纳达（石榴城）定都建国。至1492年，西班牙国王费迪南派兵前来征讨，阿拉伯君主弃国出逃，渡海远涉非洲。24年后，其中落难的阿邦赛拉琪人仅存一名王孙阿邦·哈曼，成了部落世家的全部希望。他集先人的风流俊逸与英挺威武于一身，决心要去瞻仰古国，以慰夙愿。

- 民主德国1971年6月22日发行一套邮票，共有六枚，以德国德累斯顿Green Vault艺术馆馆藏珍宝为主题。其中邮票面值20芬尼，画面是1720年的古代珍宝瓷器，一个皮肤黝黑的摩尔人骑在一匹白马上，张开双臂打着鼓。

- 直布罗陀1978年5月3日发行一枚邮票小型张，邮票面值25便士，邮票和小型张画面描绘了西班牙南部和北非之间的直布罗陀海峡。王孙阿邦·哈曼访问石榴城北渡的就是该海峡。

- 突尼斯1979年7月14日发行一套邮票，共有两枚，以风光景色为主题。其中邮票面值50米利姆，画面描绘了Korbous的海边风光；邮票面值100米利姆，画面描绘了Mides的山丘景色。突尼斯位于非洲大陆最北端，北部和东部面临地中海，扼地中海东西航运的要冲，东南与利比亚为邻，西与阿尔及利亚接壤。

● 突尼斯2013年发行两枚民族服饰邮票，邮票面值都是390米利姆，画面分别描绘了突尼斯风姿多彩的男子和女子民族服饰。位于北部非洲地中海沿岸的突尼斯，其文化历史背景曲折而复杂，既是一个有着海滩、沙漠、山林的风景胜地，也是一个融合了悠久文明和多元文化的国家。

● 突尼斯1988年11月21日发行一枚绘画艺术邮票，面值100米利姆，画面是画家A.Debbeche的画作《阿米尔卡海岸》（Amilcar Beach），描绘了突尼斯的地中海沿岸山岩秀美、海潮汹涌的美丽景色。

　　王孙阿邦·哈曼从北非的突尼斯乘船启程，渡海，在西班牙南部的安达卢西亚上岸后，直奔格拉纳达（石榴城）。格拉纳达位于西班牙内华达山脉北麓，风景如画，那些阿拉伯式古建筑使这座安达卢西亚地区的城市风格别具一格。这座古城被达罗河划为两部分，左侧为阿拉巴辛老区，阿兰布拉宫便屹立在那里。

● 保加利亚1992年4月23日发行一枚邮票小型张，共有三枚相同的邮票，邮票面值62斯托丁基，纪念在西班牙格拉纳达举行的Granada'92国际集邮展览。邮票画面描绘了格拉纳达古城的城市景色，苍翠树林掩映中的阿拉伯式古建筑风格独特，历经沧桑。小型张边纸图案以素描的简练笔法，描绘了城中几处阿拉伯式古迹的建筑风采。

● 古巴1992年4月17日发行一套邮票，共有六枚，以西班牙格拉纳达的阿兰布拉王宫建筑为主题，纪念在格拉纳达举行的Granada'92国际集邮展览。其中邮票面值5分，画面描绘了王宫附近的内华达山脉（Sierra Nevada mountains）北麓风光；邮票面值10分，画面描绘了日落时分的拱形建筑；邮票面值20分，画面描绘了王宫的室内装饰；邮票面值30分，画面描绘了王宫内的Patio狮型喷泉；邮票面值35分，画面描绘了王宫内的卧室；邮票面值50分，画面描绘了远眺阿尔巴辛（Albaicin）的风光景色。

● 西班牙2009年4月27日发行第一组"舞蹈和民间舞蹈"邮票，共有一枚邮票和一枚小型张。其中邮票面值0.43欧元，画面描绘了西班牙Ia Isa民间舞蹈；小型张邮票面值0.43欧元，画面描绘了西班牙las sevillanas民间舞蹈。

● 西班牙2009年5月14日分别发行第二组"舞蹈和民间舞蹈"邮票共有两枚，邮票面值都是0.43欧元。其中第一枚，画面描绘了西班牙La Mateixa的民间舞蹈；第二枚，画面描绘了西班牙El Bolero的民间舞蹈。

王孙阿邦·哈曼瞻仰古城时，无意中邂逅了一位美貌的妙龄少女白兰卡，她年方18，一颦一笑楚楚动人，是桑塔费公爵的女儿。白兰卡跳起舞来，那舞步真是千变万化！那姿势更是优雅绝伦！那双臂忽而飞快举起，忽而又款款垂下。有时她如醉如痴，兴冲冲前跃，有时又无限伤感，凄凄然后退。

● 西班牙2009年发行第三组"舞蹈和民间舞蹈"邮票，共有两枚，邮票面值都是0.43欧元，画面描绘了西班牙la rueda的舞蹈和el aurresku舞蹈。

● 西班牙2009年发行第四组"舞蹈和民间舞蹈"邮票，共有两枚，邮票面值都是0.43欧元，画面描绘了西班牙的la muneira舞蹈和el fandango舞蹈。

● 西班牙2009年发行第五组"舞蹈和民间舞蹈"邮票，共有两枚，邮票面值都是0.43欧元，画面描绘了西班牙的el candil舞蹈和las seguidillas舞蹈。

● 西班牙2009年发行第六组"舞蹈和民间舞蹈"邮票，邮票面值0.43欧元，画面描绘了西班牙的la sardana舞蹈。

● 西班牙2009年发行第七组"舞蹈和民间舞蹈"邮票小型张，邮票面值0.43欧元。邮票和小型张边纸图案设计独具匠心，生动地描绘了西班牙著名的民间舞蹈霍塔舞（La Jota）。邮票图案色彩鲜艳，着重描绘了男女舞蹈者的造型和服装，舞蹈者身穿鲜艳的服装，双臂圆屈举起，舞蹈造型优美；小型张边纸图案的色彩起烘托作用，图案则着重展示霍塔舞的瞬间动感和群体氛围。一明一暗，一静一动，把霍塔舞描绘得栩栩如生。

● 西班牙独具风格的舞蹈闻名于世界，欧美各国的舞蹈学校大多设有西班牙舞蹈课，是西方有代表性的舞蹈。例如，广泛流行于西班牙的民间舞蹈霍塔舞，是以对舞为基础的集体舞，音乐为拍。舞者手执响板，双臂圆屈举起，边舞边击打响板，并伴有唱诗。这种舞蹈节奏轻快，以多变的腿部动作为特点，双臂与身躯的舞姿变化很少。舞蹈队形以舞者互相穿插、绕行变化为主。而西班牙加泰罗尼亚地区有代表性的民间舞蹈萨尔达纳舞，是轮舞形式的集体舞，音乐为拍子。舞时男女各半，10人或20人不等，男女相间拉手成圈。舞蹈节奏缓慢、平和、稳重，舞步比较简单，舞者不执响板。

● 马尔代夫群岛1971年11月19日发行一套绘画艺术邮票，共有五枚。其中邮票面值2马尔代夫卢比，画面是法国印象派画家克劳德·莫奈（Claude Monet, 1840—1926）的画作《西班牙舞女》。莫奈是印象派代表人物和创始人之一。

　　她顾盼神飞，像在呼唤那个不露面的心上人，羞答答地以桃腮相迎，然后又羞得什么似的逃开去；接着她转过身来，只见她春风满面，露出无限欣慰之色，跨着庄重矫健的步伐，在草坪上飞舞回旋。白兰卡的歌喉，柔和得像蒙了一层轻纱，令人心醉神迷。一曲歌，一段舞，把阿邦赛拉琪王孙的心永远拴住了。

● 西班牙1981年5月4日发行一套"民俗和民间传说"欧罗巴专题邮票，共有两枚。其中邮票面值12比塞塔，邮票图案描绘了西班牙民间舞蹈霍塔舞（La Jota）。

● 安道尔（西属）1981年5月7日发行一套"民俗和民间传说"欧罗巴专题邮票，共有两枚。其中邮票面值12比塞塔，邮票图案描绘了安道尔Santa Anna节日的儿童民间舞蹈。

● 直布罗陀1998年5月22日发行一套欧罗巴专题《节日与民族庆典》邮票，共有四枚，以"直布罗陀小姐"的国庆服饰为主题。其中第一枚邮票面值26便士，画面是长裙服饰；第二枚邮票面值26便士，画面是军装服饰；第三枚邮票面值38便士，画面描绘了短裙服饰；第四枚邮票面值38便士，画面描绘了披肩服饰。

● 西班牙1995年10月6日发行一枚邮票小型张，邮票面值130比塞塔，纪念在马拉加举行的EXFILNA'国际集邮展览。邮票小型张画面描绘了马拉加海边的雕塑、灯塔和历史建筑等风景名胜。

不久，白兰卡也爱上了这位英俊的王孙，难以自拔。一天，白兰卡邀请王孙去瞻仰当年阿拉伯君主居住的阿兰布拉王宫。这座阿拉伯风格的宫殿位于格拉纳达城地势险要的山坡上，其阿拉伯语直译是"红堡"，或许这与宫殿外围蜿蜒于浓荫之中的红石围墙或是宫殿周围的红土有关。阿邦·哈曼圆睁着惊讶的眼睛，仿佛进入了阿拉伯故事里描绘的宫殿：轻巧优雅的回廊，白玉砌成的水渠，一处处喷泉溅玉，一进进庭院幽深，这一切都勾起了王孙怀古之幽思。

Patrimonio
Mundial
Alhambra
de Granada

- 西班牙1996年10月25日发行一套风景名胜邮票，共有三枚。其中邮票面值19比塞塔，画面描绘了格林纳达的阿尔巴辛街区。这里是世代摩尔人的集居区，也是格林纳达最古老的街区，时至今日差不多依然是当年模样。长长狭窄的街道，高低错落的房子，层层叠叠，眼花缭乱。1984年，它与阿兰布拉王宫一起，成为世界文化遗产。

- 艳阳下的西班牙格林纳达，人们喜欢把房子漆得雪白，据说这是沿袭了摩尔人的习惯。所以，这里有许多白色小镇，甚至有一条小有名气的白色小镇之路，如同一串珍珠，点缀了一路的阳光。

- 西班牙2011年发行一枚邮票小型张，邮票面值2欧元，以世界文化遗产——西班牙格拉纳达的阿兰布拉王宫建筑为主题。邮票形状为圆形，画面描绘了阿兰布拉王宫建筑的外观。小型张边纸图案描绘了王宫精致绝伦的宫门。小型张边纸左下方是"世界遗产：格拉纳达阿罕布拉王宫"的西班牙语字样。

- 美国1982年2月1日发行一枚爱情邮票，邮票面值20美分，画面是缤纷花朵和青枝绿叶构成的英文"爱情"（Love）字样。

- 美国2005年2月18日发行一枚爱情邮票，邮票面值37美分，画面是手捧一束美丽鲜艳的花朵，下方是英文的"爱情"（Love）字样。

● 美国2000年4月20日发行一枚爱情邮票，邮票面值20美分，画面是一朵红色的玫瑰花，英文"爱情"（Love）字样，背景是美国第二任总统约翰·亚当斯（John Adams，1735—1826）1763年写给妻子艾比盖尔的亲笔情书。他是美国第一任副总统，其后接替乔治·华盛顿成为美国第二任总统，被视为最重要的开国元勋之一。他和妻子艾比盖尔的爱情被认为是"美国历史上最感人的爱情故事之一"。

● 法国1999年2月6日发行一套情人节爱心邮票，共有两枚，邮票面值都是3.00法郎。邮票极限片画面描绘了用四时鲜花编织而成的心形花环，红花绿叶，五彩缤纷，鲜艳夺目，芳香袭人。

这对幸福的爱侣相恋日深，情爱弥笃，但对祖上的宗教也同样执著。由于他们信奉不同的宗教，都希望对方能改变信仰，成全爱情。白兰卡对阿邦·哈曼说："做基督徒吧。" 阿邦·哈曼则提出相反的要求，尽管两情缠绵，却谁也没有让步。

白兰卡有一个兄长堂卡洛斯，秉性勇猛高傲，他有意让来访的法国贵族青年劳特雷克成为他的妹夫。当他发现白兰卡与阿拉伯王孙相爱，便提出要与阿邦·哈曼决斗。在决斗中阿邦·哈曼显露高尚风雅，饶了堂卡洛斯一命。从此以后，白兰卡更觉阿邦·哈曼百倍可亲，而阿邦·哈曼也在考虑放弃原来的信仰，回报她的一片深爱。

● 摩纳哥1968年12月12日发行一套邮票，共有六枚，纪念法国作家夏多布里昂诞生200周年。其中邮票面值0.30法郎，画面描绘了《末代王孙》中的故事情景，骑着白马的阿邦赛拉琪人末代王孙，美貌的妙龄少女白兰卡，当年阿拉伯君主居住的阿兰布拉王宫等。

● 安提瓜和巴布达1992年5月11日发行一套绘画邮票，共有十枚。其中邮票面值2东加勒比元，画面是西班牙画家德格拉因（Antonio Munoz Degrain）的画作《雨中的格拉纳达》。

在一次宴会上，末代王孙阿邦·哈曼和堂卡洛斯谈起各自家族的历史。阿邦·哈曼得知白兰卡的祖上正是世仇毕伐家，他们征服了石榴城，还强占了阿邦赛拉琪人的家园，杀害了保卫祖宗陵园的骑士。于是，阿邦·哈曼泪如雨下，当众承认自己就是阿邦赛拉琪人的末代王孙，提出与深爱的恋人白兰卡诀别："用我的离去，我的一死，来消弭我们彼此因信仰歧异和国仇家恨而结下的宿怨。"白兰卡当即晕了过去。

● 古巴2006年9月20日发行一枚邮票小型张，邮票面值1.00古巴比索，纪念在西班牙马拉加举行的España 06世界集邮展览。画面描绘了马拉加阳光灿烂的绵延山峦和田园风光。

● 爱尔兰1989年4月11日发行一套邮票，共有四枚，以国家公园和花园为主题。其中邮票面值32便士，邮票和极限片画面描绘了Connemara国家公园的风光景色：长空万里云色苍茫，大海千倾波澜壮阔；山麓小屋孤孤单单，山上树林影影绰绰；悠闲白马三三两两，烂漫野花丛丛簇簇。

阿邦·哈曼俯伏下跪，比膜拜上苍更为虔诚地对白兰卡拜了一下，便悄无一言地走了。白兰卡后来慢慢恢复过来，有时登上马拉加绵延起伏的山顶，久久徘徊，或呆呆坐在石矶上，凝望着南方的大海和远帆……

● 法属圣皮埃密克隆岛1987年12月16日发行一套自然保护邮票，共有两枚，面值都是3.00法郎。两枚邮票的画面与附票相连，组成一幅完整的画面，描绘了大海和海岛的美丽风景：天空云霞千里，大海碧波万顷。霞光辉映海面，波浪揉碎倒影。一群飞鸟划破寂静，几只天鹅空留孤独。其中第一枚，画面描绘了马和水鸟；第二枚，画面描绘了水鸟和海豹。

FRANCHE-COMTE

FRANCHE-C...
8-1-1977
PREMIER JOU...
25 - BESAN...

FRANCE 2,10
FRANCHE-COMTE

25c

E II R

'LE CHAPEAU DE PAILLE'
H. M. COMMISSIONER IN

ANGUILLA

4

司汤达
《红与黑》

邮票上的爱情小说
Youpiaoshang De Aiqingxiaoshuo

……德·瑞那夫人可爱而高雅地从客厅通向花园的落地长廊走出来，这样的可爱和高雅，每当远离男人们的视线时，没有丝毫的做作。她忽然看见在大门前站着一个差不多还是个孩子的年轻农民，他面无血色，脸上依稀带着泪痕，身穿一件雪白的衬衫，胳膊下夹着一件十分干净的、紫色平纹格子花呢上衣。

这个年轻的农民，皮肤那么白皙，目光是那么柔顺，致使喜欢想象的德·瑞那夫人开始还以为，这也许是一位女扮男装的姑娘，有事求市长先生来了。这个可怜巴巴的小家伙站在大门旁边不动，很明显是不敢伸手去拉门铃，她情不自禁地怜惜起来。她走上前去，暂且忘记了由于家庭教师的到来而感到的忧虑。于连背对着门，没见到她走过来。他不禁浑身一颤，因为他耳旁突然传来一个柔美的声音说："您到这里来有什么事呀，我的孩子？"……这是法国作家司汤达的名著《红与黑》中男女主人公初次见面的一段情景。

● 法国1942年9月14日发行一枚邮票，邮票面值4法郎，纪念法国作家司汤达（Stendhal，1783—1842）逝世100周年。画面描绘了司汤达的画像，他一头卷曲浓密的短发，两条微微皱起的浓眉。天庭饱满，眼睛圆睁；嘴唇微微开启，面容略显憔悴。

● 法国1983年11月12日发行一枚名人附捐邮票，邮票面值2.00法郎/附捐0.40法郎，邮票画面描绘了法国作家司汤达的画像。极限片画面描绘了司汤达的画像，以及他著名作品《红与黑》中的故事情景。

● 阿尔巴尼亚2010年发行一枚欧罗巴儿童图书专题邮票小型张，邮票面值250列克，邮票和小型张图案描绘了男女儿童喜欢阅读和欣赏大量形式多样、生动活泼、丰富多彩的儿童书籍。

司汤达是19世纪法国杰出的批判现实主义作家，他在文学上起步很晚，三十几岁才开始发表作品。然而，他却给人类留下了巨大的精神遗产，包括数部长篇，数十个短篇或故事，数百万字的文论、随笔、散文和游记，以准确的人物心理分析和凝练的笔法而闻名。他最有名的作品是《红与黑》（1830年）和《巴马修道院》（1839年）。

司汤达的家乡是位于法国东南部阿尔卑斯山区的城市格勒诺布尔（Grenoble），他母亲生性活泼，思想较为自由开放，喜欢阅读但丁等人的作品，但她在司汤达7岁时便逝世了。司汤达的外祖父是一位医生，思想开放，是卢梭和伏尔泰的信徒。司汤达少年时期经常住在外祖父家，在那里阅读了大量的世界名作。

● 法国1971年5月29日发行一枚邮票，邮票面值0.50法郎，纪念在格勒诺布尔（Grenoble）举行的法国集邮联合会第44届会议。画面描绘了格勒诺布尔依山傍水的城市风光，阿尔卑斯山脉绵延起伏，罗讷河支流伊泽尔河流水潺潺，古罗马时代的古迹饱经沧桑。

● 法国2004年9月18日发行《各地生活风情》系列第四枚小全张，共有十枚邮票，邮票面值都是0.50欧元。其中第十枚，邮票和极限片画面描绘了法国阿尔卑斯山区的冬天，大雪封山时木制小屋的独特风情。

● 法国2013年发行一套绘画邮票，共有十二枚，邮票面值都是20g邮资（0.85欧元），以印象派画家的画作为主题。其中第十一枚，画面是荷兰印象派画家梵高的画作《罗讷河之夜》，描绘了罗讷河梦幻般的美丽景色：夜空里星辰明明暗暗，河岸边灯火星星点点，河面上亮光影影绰绰，心曲中浪漫悠悠扬扬。

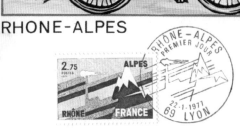

● 法国1977年1月22日发行一枚地方风光邮票，邮票面值2.75法郎，以罗讷-阿尔卑斯大区（Rhone- Ahpes）为主题。该大区地处法国中心地带，位于巴黎和法国蔚蓝海岸的中间，以欧洲最著名阿尔卑斯山脉和罗讷河而得名。邮票画面描绘了阿尔卑斯山的滑雪胜地；极限片画面描绘了名胜古迹、家禽、猎枪和自行车，寓意该地区丰富的农业和休闲旅游资源。该区东北部散落着童话般美丽静谧的雪山湖泊、世界闻名的滑雪胜地，西南部却有鬼斧神工般的石灰岩地形、险峻峡谷和神秘的史前火山岩洞。

● 广袤的平原和丘陵上，北部有载入诗歌的著名葡萄酒乡，南部却有芬芳传遍全球的壮观熏衣草田。农产品资源非常丰富：罗讷河谷（Cote du Rhone）鲜美的桃和杏，费里（Fier）肥美的鳟鱼，萨瓦（Savoie）的奶酪，布雷斯（Btess）的家禽，巴罗尼（Baronnies）的羔羊等。

● 中国发行的明信片，画面是荷兰印象派画家梵高的画作《罗讷河之夜》。

司汤达的童年，是在法国大革命的疾风暴雨中度过的。1796年至1799年，他在法国革命时期建立的格勒诺布尔中心学校上学，在那里面系统地学习了新思想，新知识，对法国文学和唯物主义哲学产生了浓厚的兴趣。他热爱数学的精确性和真实性，后来成为他现实主义创作方法的一个基本原则。

● 格勒诺布尔（Grenoble）是法国东南部城市，伊泽尔省首府。它坐落于阿尔卑斯山区，罗讷河支流伊泽尔河畔，是著名的滑雪胜地。有建于14世纪的古老大学、艺术博物馆、教堂等古典建筑。

1799年，他来到巴黎，为革命的形势所鼓舞，加入了拿破仑领导的军队。1800年，他随拿破仑率领的大军到了意大利的米兰。米兰人民长期遭受奥地利的统治，视拿破仑的军队为救星。他们对法国革命的热情，及其优秀的文化传统，对司汤达的影响很深。

邮票上的爱情小说

● 法国1988年6月18日发行一套邮票，共有两枚，纪念法国大革命200周年，以及在法国举行的FHILEXFRANDE'89国际邮展。其中邮票面值4.00法郎，画面描绘了1788年在法国格勒诺布尔发生的"瓦片日"（la joun é e des tuiles）事件。1788年6月7日，愤怒的格勒诺布尔市民爬上屋顶，向驻军投掷瓦片，并被认为是1789年法国大革命的序幕。

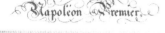

● 法国1969年8月16日发行一枚邮票，邮票面值0.70法郎，纪念拿破仑·波拿巴（Napol é on Bonaparte，1769—1821年）诞生200周年。邮票画面描绘了青年军官拿破仑的画像，以及他在科西嘉岛阿雅克肖（Ajaccio）的出生地故居；首日封邮戳描绘了青年军官拿破仑的画像；首日封画面描绘了军队统帅拿破仑的画像。

● 意大利1996年3月23日发行一套邮票，共有两枚，邮票面值都是750里拉，纪念在意大利米兰举办的ITALIA'98国际集邮展览。两枚邮票的图案共同组成一幅完整的画面，展现了米兰大教堂尖塔高耸、气势恢弘的建筑风采。

● 摩纳哥2008年发行一枚邮票，邮票面值1.33欧元，画面描绘了法国作家司汤达的画像，以及他文学作品中的故事情景。

● 苏联1986年发行的明信片，画面是俄罗斯印象派画家康斯坦丁·柯罗文（Korovin，1861—1939）1888年的画作《米兰印象》，描绘了米兰街头建筑古色古香，人流熙熙攘攘，交通车水马龙的情景。

　　1814年拿破仑下台，波旁王朝复辟，资产阶级的革命派遭受镇压，封建的王公贵族则弹冠相庆。在这种形势下，司汤达觉得"除了遭受屈辱，再也不能得到什么"，便离开祖国，长期侨居意大利的米兰，并以米兰人自居。

　　司汤达从1817年开始发表作品，处女作名为《意大利绘画史》。不久，他首次用司汤达这个笔名，发表了游记《罗马、那不勒斯和佛罗伦萨》。从1823年到1825年，他陆续发表了后来收在文论集《拉辛和莎士比亚》中的文章。1827年他发表了小说《阿尔芒斯》，1828—1829年写就《罗马漫步》（Promenades dans Rome），1829年发表了著名短篇《瓦尼娜·瓦尼尼》。他的代表作《红与黑》于1827年动笔，1829年脱稿。1832年到1842年，他写作了长篇小说《吕西安·娄万》（又名《红与白》），《巴马修道院》，长篇自传《亨利·勃吕拉传》，还写了数十篇短篇小说。在1842年3月23日司汤达逝世时，他手头还有好几部未完成的手稿。在司汤达的墓志铭上写着一段话：活过、爱过、写过。

长篇小说《红与黑》的故事发生在法国东部弗朗什-孔泰地区的维立叶尔小城，红瓦尖顶的白色房子散落在山坡上，枝繁叶茂的栗子树郁郁葱葱。小城北面耸立着连绵起伏的汝拉山脉，覆盖着一望无边的大森林。蜿蜒曲折的杜河在山脚下流淌而过，沿岸堆放着大量木材。有一条山间溪流在崇山峻岭中湍急奔驰而下，激越晶亮的水流驱动着岸边许多木材厂的水轮机昼夜不停地旋转。

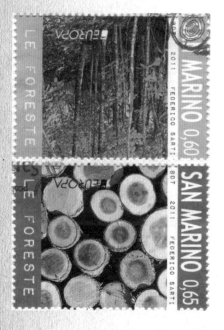

- 圣马力诺2011年4月5日发行一套欧罗巴专题《森林》，共有二枚，邮票面值分别是0.60欧元和0.65欧元，描绘了郁郁葱葱的大森林，以及森林出产的各种木材。

FRANCHE-COMTE

- 法国1977年1月8日发行一枚地方风光邮票，邮票面值2.10法郎，以弗朗什-孔泰大区（Franche-Comte）为主题。该大区地处法国东部，与瑞士接壤。邮票画面描绘了该区森林和河流资源丰富的美丽风光。极限片画面描绘了当地农村的黄牛、烟斗、木材、斧子，以及钟楼古迹和小桥流水。

● 奥地利2000年8月25日发行一枚邮票，邮票面值7先令，画面描绘了原木木筏在河流中运输的情景，纪念在奥地利Carinthia举行的国际椽条会议。

● 挪威1986年4月11日发行一套邮票，共有两枚，纪念国家工匠联合会成立100周年。其中邮票面值7.00挪威克朗，画面描绘了正在作业的木匠。

● 苏联1961年发行的明信片，画面是俄罗斯绘画雕刻艺术家瓦迪姆·德米特里耶维奇的油毡雕刻作品《下班后的休闲》，描绘了位于河畔的木材加工厂，天色已近黄昏，工人们辛苦劳作一天后，坐在粗大的原木上休息的情景。他们面前是一片宽阔的河面，以及顺流而下的木筏。

● 塞浦路斯2011年5月4日发行一套欧罗巴专题《森林》，共有两枚，邮票面值分别是0.51欧元和0.68欧元。画面以简洁朴素的艺术手法，描绘了安宁静谧的大森林，微风扬起的绿色波浪展现着大自然无尽的畅想，时隐时现的小鹿和狐狸诉说着童话中生动的故事。

　　这里一家锯木匠的儿子于连·索莱尔是个18岁的青年，他看起来身材十分瘦弱，但长相非常俊美，五官匀称标致，两眼又大又黑，眼神充满深思和探寻，受到当地一些妙龄少女的青睐。于连在家中整天抱着书本不放，对于做出气力的木匠苦活毫无兴趣。他从少年时代起，就憧憬有朝一日也能以高贵的身份到巴黎，去结识那些美貌的女子，就像有着辉煌壮举的拿破仑那样。于连记忆超群，读过的书能过目不忘。他最喜欢读卢梭的《忏悔录》、《拿破仑回忆录》以及当年拿破仑大军的战报，最崇拜的人就是拿破仑了。

● 尼加拉瓜1989年7月14日发行一套邮票，共有七枚邮票和一枚小型张。其中邮票面值50科多巴，画面描绘了1789年国王路易十六召开了最后一次教士（第一等级）、贵族（第二等级）和市民（第三等级）三级会议，代表在凡尔赛宫游行的情景。这次会议导致了法国大革命。邮票面值300科多巴，画面描绘了6月20日，国民议会代表进行了著名的网球场宣誓。代表们庄严宣誓：不制定出一部王国宪法并使宪法得以实施，议会决不解散。

● 　邮票面值600科多巴，画面描绘了7月14日巴黎人民起义，大革命爆发的情景；邮票面值1000科多巴，画面描绘了人们围绕着"自由之树"欢乐歌舞的情景；邮票面值2000科多巴，画面描绘了的名画《自由引导人民》；邮票面值3000科多巴，画面描绘了巴黎人民起义，攻占巴士底狱的情景；邮票面值5000科多巴，画面描绘了起义领袖拉法叶宣誓效忠宪法的情景。

● 小型张邮票面值9000科多巴，画面描绘了《马赛曲》（La Marseillaise）的歌词和曲谱。马赛曲词曲皆由克洛德·李尔在1792年4月25日晚作于当时斯特拉斯堡市长家中。同年8月10日，马赛志愿军前赴巴黎支援起义时高唱这歌，因而得名，并风行全国。1795年7月14日法国督政府宣布定此曲为国歌。

● 加拿大1988年5月20日发行一枚绘画艺术邮票，邮票面值50分，画面是加拿大画家Ozias Leduc的著名画作《年轻的读者》，描绘了一名年轻人专心阅读书籍的情景，构图简洁清晰，笔触朴实无华。

● 毛里塔尼亚1980年7月发行一套绘画艺术邮票，共有四枚，以荷兰画家伦勃朗（Rembrandt Harmenszoon van Rijn，1606—1669）的画作为主题。其中邮票面值70乌吉亚，画面描绘了一名年轻人正在读书的情景。伦勃朗擅长肖像画、风景画、风俗画、宗教画、历史画等，一贯采用"光暗"处理手法，即采用黑褐色或浅橄榄棕色为背景，将光线概括为一束束电筒光似的集中线，着重在画的主要部分。这种视觉效果，就好像画中人物是站在黑色舞台上，一束强光打在他的脸上。因此有评论认为他"用黑暗绘就光明"。因此他的画作用光线塑造形体，画面层次丰富，立体感觉明显，富有戏剧效果。

当地德高望重的西朗神父想培养他成为教士，于连将十分深奥的拉丁文《圣经》流水般背诵了下来。但不识字的父亲则希望他勤奋地学好锯木材的手艺，对他看书的习惯不以为然，十分愤恨，甚至还为此粗暴地殴打他。就在此时，小城的德·雷纳尔市长先生为了显示高人一等的优越地位，选中于连担任他家三个孩子的家庭教师，从而使于连的命运发生了突如其来的变化。他暗自庆幸摆脱了凶神恶煞般的父亲，心怀忐忑地走进了市长德·雷纳尔先生的住所，开始生活在富丽堂皇的贵族宅院里。

德·雷纳尔夫人长得亭亭玉立，身材匀称，是当地公认的美人儿。她有着一种朴实的情趣，举手投足温柔、谦逊，散发出青春的活力。同时，她又是一个不失天真烂漫的人，从来不曾想过对自己的丈夫有什么看法，或者承认他让她觉得讨厌。当德·雷纳尔先生和她说起教育孩子的事时，她非常喜欢听。他准备让大孩子当军人，二孩子当法官，三孩子做教士。不管怎么说，她感到德·雷纳尔先生和她所熟悉的任何一名男人相比，远不如他们那么让人讨厌，尽管夫妻之间温馨的感情也不过这样。

● 突尼斯1988年11月21日发行一枚绘画艺术邮票，面值100米利姆，画面是画家A.Debbeche的画作《阿米尔卡海岸》（Amilcar Beach），描绘了突尼斯的地中海沿岸山岩秀美、海潮汹涌的美丽景色。

● 安圭拉1977年11月1日发行一套绘画邮票，共有四枚，纪念比利时画家鲁本斯诞生400周年。其中邮票面值25分，画面是画家的画作《头戴黑丝绒帽子的夫人》。

● 比利时1996年9月2日发行一套绘画艺术邮票，共有三枚，以伦敦国家美术馆藏画为主题。其中邮票面值16比利时法郎，画面是比利时画家鲁本斯（Peter Paul Rubens，1577—1640）的画作《头戴黑丝绒帽子的夫人》，画家以漂亮和生动的色彩笔触描绘了一名年轻美貌、气质优雅的贵族妇女，她戴着黑丝绒帽子，眼神流露出一种乐观幸福的神态，构图严谨工整，色彩对比强烈。

　　当于连第一次见到德·雷纳尔夫人时，对她的美貌感到极其惊讶，以致差一点忘记了自己的来由。他从来没有看到过一个穿得如此华丽的人，尤其是一位光艳照人的女子，轻声柔气地和他讲话。而德·雷纳尔夫人非常疼爱自己的孩子，本来想象的家庭教师是个刻板严肃，穿着破烂的脏兮兮教士，因此心中一直忐忑不安。如今见了这个腼腆俊秀、文质彬彬、面容如同少女一样姣好的青年人，也有些喜出望外，至少可以不用担心这位教师对自己的孩子过分严厉了。

　　于连在德·雷纳尔市长家工作得很好，镇静、正直，喜怒不形于色，进门还不到一个月，就赢得了大家的尊敬。德·雷纳尔夫人的贴身女仆埃莉萨不久就爱上了这位年轻的家庭教师，总是和女主人提起他。德·雷纳尔夫人逐渐注意到这位年轻教师的穷困，同情之心油然而生，有意无意地试图帮助他。她也逐渐宽恕了于连的极度无知和举止粗野，反而在他身上发现了慷慨、高尚、慈爱等优良品质。

● 荷兰1978年11月14日发行一套附捐邮票，共有四枚，以儿童生活为主题。其中邮票面值45分/附捐20分，图案把一本打开的书籍描绘成一间"书本小屋"，儿童在"小屋"中"两耳不闻窗外事，一心只读儿童书"的情景。

● 澳大利亚1988年发行一套以"共同生活"为主题的邮票，共有二十七枚。邮票内容以卡通形式，多视角、多层面地描绘了人们和谐共生的生活情景。其中邮票面值55澳分，画面描绘了一个头戴博士帽、手拿教鞭的老师，正在给几个学童教课的情景。他们像小袋鼠那样，躲在老师的衣袋里认真听讲，寓意教师教育学童的关爱和慈祥。

● 瑞士1988年11月25日发行一套附捐邮票，共有四枚，以儿童发展为主题。其中邮票面值35分/附捐15分，画面描绘了一位男童正在阅读书籍的情景；极限片图案描绘了一位母亲正在家中辅导自己的儿女读书写字的情景。

德·雷纳尔夫人的女仆埃莉萨近来得到了一笔遗产，在向本堂神父做忏悔的时候，她表达了准备嫁给家庭教师于连的想法，并把这想法告诉了自己的女主人德·雷纳尔夫人。不想德·雷纳尔夫人听了以后心情十分纠结，终日心神不宁，朝思暮想，无法排解。有时甚至还无端地责备埃莉萨，后来终于病倒在床。当晚，埃莉萨在伺候德·雷纳尔夫人时，抽泣着谈起她最近得知的伤心事：于连居然向神父果断地拒绝了她的提亲，已经没有反悔的余地！这个意外的消息让德·雷纳尔夫人大喜过望，心中顿时洋溢起幸福的激流。"难道我爱上于连了？"终于德·雷纳尔夫人这样问自己。

- 民主德国1955年12月15日发行一套绘画艺术邮票，共有六枚，纪念名画归还德累斯顿美术馆。其中邮票面值10芬尼，画面是画家Liotard的画作《侍女》。

- 中国发行的明信片，画面是法国画家贝尔特·莫里索（Berthe Meresot，1841—1895）1885—1886年创作的画作《年轻女佣》。

　　渐渐地，德·雷纳尔夫人和于连之间的话题多了起来，而且兴致很高。白天，他们一起和孩子们在果园里跑来跑去，用薄纱网罩追捕蝴蝶。晚上，德·雷纳尔夫人和埃莉萨一起缝制自己穿的连衫裙，这样的衣裙更能凸显她身材的姣好窈窕。

- 香港2007年6月14日发行一套邮票，共有五枚，以蝴蝶为主题。其中邮票面值1.40港元，画面描绘了珠光宝气的串珠环蝶；邮票面值1.80港元，画面描绘了色彩丰富的红肩锯粉蝶；邮票面值2.40港元，画面描绘了高贵优雅的忘忧尾蛱蝶；邮票面值3港元，画面描绘了白底深斑的豹斑双尾灰蝶；邮票面值5港元，画面描绘了身着红妆的苎麻珍蝶。

● 摩纳哥2002年1月1日发行一套动物邮票，共有十枚。其中邮票面值0.01欧元和0.50欧元，画面描绘了五彩缤纷的蝴蝶，它们身姿优美，体态轻盈，飘舞于花丛之中，流连在溪畔泉边。

大热天到了，大家习惯地坐到距离房屋很近的一颗大椴树下，那里光线特别暗。一天晚上，于连与德·雷纳尔夫人和她的女伴谈得兴致勃勃，挥动着手臂，一不小心碰到了德·雷纳尔夫人放在木椅靠背上的手，但她的手立即抽了回去。

● 苏联1966年发行的明信片，画面是俄罗斯画家列宾·伊利亚（1844—1930）1876年创作的油画作品《坐在草坪的板凳上》，田园里阳光明媚，微风徐徐；庭院中绿树成林，芳草萋萋。树枝头绿叶摇曳，草地上光影斑驳。先生专心读报，夫人低头编织，老人无聊闲坐，孩童席地游戏。此画现收藏于俄罗斯国家博物馆。

● 保加利亚发行的明信片，画面是画家亚诺什·瓦萨里（1867—1937）的画作《在花园里》，以轻松愉快的笔触描绘了诗情画意的花园：几棵绿树，一片青草，展现出花园里世外桃源般的宁静和悠闲；几抹红色，勾画出一位年轻女子苗条优雅的身材和姿态，仿佛正在轻声细语地诉说着什么；几笔蓝线，描绘出一位年轻男子潇洒俊逸的表情和神态，似乎正在聚精会神地聆听着什么。

　　不过于连觉得，得让这只手不抽回去，这是他的职责。想到这里，他刚才的满心欢喜就顿时烟消云散了。第二天晚上，于连在花园中乘着黑暗，在等待和焦虑中又一次伸出手去握住了德·雷纳尔夫人的手，她忙不迭将手缩回去，但是由于于连紧握不放，最终还是留在了他的手中。于连心中顿时被一阵幸福的洪流所淹没，充满了一种志在必得的英雄气概。而德·雷纳尔夫人也发现自己对于连确实有了爱情。

● 加拿大2011年发行一枚邮票，邮票面值59分，纪念加拿大国家公园管理局成立100周年。画面描绘了旅行者站在高山上俯瞰山川美景的情景：山峦万壑千岩，森林苍翠葱茏，溪流明亮晶莹，原野碧草如茵。树上虫鸟啁啾，水边草木葳蕤。空中雄鹰展翅，山麓麇鹿低语。

　　翌日，刚回家的德·雷纳尔市长突

然发起脾气，无端指责于连对孩子们的学业疏于管理，说出一大堆粗话。于连越听越生气，心中决意寻机报复。他爬上后山的大树林，攀登上百丈悬崖，站在巨大的岩石上，身边的一切顿时万籁俱寂。周围的丘陵显得又低又矮，肥沃的原野伸展绵延，广阔无边。一只雄鹰在他头顶上方的巨石间飞出来，悄然在空中盘旋着，动作安详而有力，令人震慑。于连渴望拥有这样的力量，渴望拥有这样的独立。

● 乌克兰2008年发行一枚邮票小型张，共有四枚邮票，邮票面值都是1.00格里夫纳，以自然保护区为主题。画面全景式地描绘了自然生态的美丽景象：山峦蜿蜒起伏，山麓一湖碧水。长空雄鹰展翅翱翔，山上森林郁郁葱葱，湖中水禽自由游弋。

　　几天后的一天夜晚，当半夜钟声敲响时，于连终于进入了德·雷纳尔夫人的卧室。面对她非常难听的指责，他并不回答，只是泪如泉涌，跪在她脚旁，抱着她的双膝。过了几个钟头，当于连离开德·雷纳尔夫人的卧室时，他已经心满意足，别无他求了。但德·雷纳尔夫人的心中从此蒙上了负疚和犯罪的阴影，久久盘踞不去，无法恢复平静。她的生活摇摆于天堂与地狱之间：当她看不见于连时就是地狱，当她与于连幽会时却又成为天堂。

　　女仆爱利沙出于忌妒，把女主人的事告诉了不满于连的瓦列诺男爵，他即刻写了匿名信给市长德·雷纳尔先生。西朗神甫得知此事后，便马上安排于连离开德·雷纳尔先生家，到省城贝桑松学院去。贝桑松是一个古色古香的小城，布满青苔的石头阶梯是古罗马时代的遗迹，一个能容纳两万人的露天剧场。山丘上那座建于路易十四时代的沃旁堡，依然在阳光下巍然耸峙。

● 法国2001年5月5日发行一枚邮票，邮票面值0.46欧元，图案是法国西北部的小镇贝桑松，法国东部弗朗什-孔泰大区的首府。极限片画面描绘了这座小城古色古香的风貌。走在贝桑松的街道上，仿佛行走在历史的长河中，步步有古迹，处处有历史。城边，那座建于公元175年的"黑门"是为了庆祝马克·奥莱斯国王凯旋而筑起，历经两千年岁月风尘依然挺立；那布满青苔的石头阶梯，是古罗马时代的遗迹，一个能容纳两万人的露天剧场；山丘上，那座建于1674年路易十四时代的沃旁堡依然巍然耸峙，至今仍是法国最著名的城防工事；城里的旧式楼房，墙面用灰蓝色或白赭色的石灰岩砌成，在阳光下闪着美丽的光芒。

● 法国2004年9月18日发行《各地生活风情》系列第四枚小全张，共有十枚邮票，邮票面值都是0.50欧元。其中第六枚和第九枚，画面描绘了法国古代城堡的遗迹。

PREMIER JOUR D'EMISSION
N° 1091   HISTORIQUE   F.D.C.

Tricentenaire du Rattachement
de la Franche-Comté à la France

● 法国1978年9月23日发行一枚邮票，邮票面值1.20法郎，邮票、邮戳和极限片画面描绘了贝桑松巍峨矗立的山脉，以及山岗上历经沧桑的古代堡垒。首日封图案描绘了法国国王路易十四在1678年取得该地统治权的情景。

　　于连穿着城里人的服装穿过吊桥，脑子里想着那些相关的历史故事，如同梦幻一般。在神学院里，于连尽量装得虔诚、老实、卖力气，从而博得了彼拉院长的赏

邮票
上的爱情小说

识。后来，彼拉院长推荐于连担任了朝廷弄臣木尔侯爵的秘书。一年之后，于连以惊人的记忆力、出众的干练、不寻常的沉静与聪明得到了侯爵的赏识。

木尔侯爵的千金玛特儿读过许多浪漫主义的爱情小说，竟爱上了她父亲雇用的于连。为了表示自己的伟大和勇敢、不遵循世俗，她偏要去爱一个社会地位与自己悬殊的人，终于做了于连的情妇，而于连只感觉着奇异，而不感觉着幸福。但玛特儿很快表现出反复无常的性格，诅咒于连，气恼地同他绝交，于连的自尊心受到极大的伤害。有个朋友便教他假装去追求玛特儿的某个女友。这一招果然奏效，玛特儿跪倒在于连脚下，要求他爱她，不能爱别人。

JEANNE D'ARAGON (DETAIL)
RAPHAËL
GUYANA   **$50**

● 圭亚那1993年12月6日发行五枚邮票小全张和六枚邮票小型张，纪念巴黎卢浮宫建馆125周年。其中第五枚小全张共有八枚邮票，邮票面值都是50圭亚那元。其中第五枚，画面是意大利画家拉斐尔（Raphael，1483—1520）的画作，描绘了一位眉清目秀、衣饰华丽的贵族少女，神态气质栩栩如生。拉斐尔和达·芬奇、米开朗基罗并称文艺复兴时期艺坛三杰。他的作品博采众家之长，形成了自己独特的风格，代表了当时人们最崇尚的审美趣味，成为后世古典主义者不可企及的典范。

● 法国1983年2月19日发行一枚邮票，邮票面值1.80法郎，纪念法语联盟100周年（Alliance Francaise Centenary）。邮票图案以地球为背景，描绘了正在读书的少女。极限片图案是法国洛可可风格画家让·奥诺雷·弗拉戈纳尔（Jean Honore Fragonard，1732—1806）的画作《读书的少女》。描绘了一名正在潜心阅读书籍的少女。

97. - STRASBOURG. - Façade de la Cathédrale

STRASBOURG
Sculpture de la Cathédrale
St-Mathieu

● 法国1939年6月23日发行一枚邮票,邮票面值70分,纪念斯特拉斯堡大教堂建成500周年。邮票和极限片画面描绘了该教堂耸然挺立的建筑风采。斯特拉斯堡大教堂是著名的哥特式教堂,法国作家雨果曾以"集巨大与纤细于一身令人惊异的建筑"来形容这座教堂。其尖塔高高耸立,圆花窗及石花边巧夺天工,三道门廊饰有精致雕像,中殿布置华丽典雅,彩绘玻璃窗及天使之柱气势不凡,还有著名的席伯尔曼(Silbermann)风琴等使人赏心悦目,是斯特拉斯堡文艺复兴时期的精神象征。登上塔顶,全城秀丽的景致及壮丽的森林和山脉尽收眼底,一览无余。

● 法国1971年1月23日发行一枚绘画艺术邮票,邮票面值1.00法郎,邮票和极限片画面描绘了斯特拉斯堡教堂中以宗教人物为主题的艺术雕塑。

● 坦桑尼亚1996年3月7日发行两枚小全张和两枚小型张,纪念大都会美术馆建馆125周年。其中第二枚小全张共有八枚邮票,邮票面值都是200坦桑尼亚先令。其中第五枚,画面是佛兰德斯画家凡戴克(Van Dyck,1599—1641)的画作《男子肖像》,技巧熟练,风格潇洒。

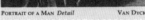

● 多哥1981年4月13日发行一套邮票,共有四枚,以荷兰画家伦勃朗的画作为主题。其中邮票面值60非共体法郎,画面是画家的画作《马背上的骑士》。

于连心里很清楚，这和德·雷纳尔夫人真实的、纯洁的爱情截然不同。一种是脑袋里的爱情，一种是心坎里的爱情。玛特儿把怀孕的事告诉了侯爵，侯爵碍于面子，只好给他们一份田产。随后，他又给于连寄去一张骠骑兵中尉的委任状，授予他贵族称号。在木尔侯爵的操纵下，他摇身变成了被拿破仑放逐在山里的贵族的私生子。于是，在斯特拉斯堡轻骑兵第十五团的练兵场上，于连骑上了当地最英俊的战马，严峻镇静，不苟言笑，其娴熟的手枪和刀剑技巧赢得了普遍的赞誉。

● 法国2008年发行《各地生活风情》系列第十一枚小全张，共有十枚邮票，邮票面值都是0.55欧元。其中第七枚，邮票画面描绘了法国斯特拉斯堡的城市街道和建筑风光。

　　正当于连陶醉于自己的成功时，玛特儿拿出她父亲给她的信和德·雷纳尔先生夫人写给侯爵的亲笔信。于连认出是德·雷纳尔夫人的笔迹，知道美梦顷刻破灭。他恼羞成怒，在武器店买了手枪，向正在教堂里跪着祷告的德·雷纳尔夫人放了一枪，没有打中；他再放第二枪，她倒了下来。原来，木尔侯爵知道于连曾经当过德·瑞那夫人孩子们的家庭教师，就向这位夫人打听于连的经历。一个年轻的耶稣会教士知道了德·雷纳尔夫人和于连的关系，以为有了巴结侯爵的机会，便让忏悔了的德·雷纳尔夫人写了这封告发信。

● 法国1985年4月13日发行一枚绘画艺术邮票，邮票面值5.00法郎，画面是斯特拉斯堡教堂的彩色玻璃窗，以宗教人物和故事为主题。

● 波兰1962年10月9日发行一套"集邮日"邮票，共有两枚邮票，邮票面值分别是60格罗希和2.50兹罗提，两枚邮票的图案相同，但采用不同的色彩。邮票图案采用画家Aleksander Kaminski的著名画作《决定的瞬间》。画面描绘了一位贵族女子冒着风雪亲自走上街头，正表情凝重地决定把一封信件投入信箱，也许这封私密的信件意味着一项重要的决定。

于连被捕了，进了监狱。而德·雷纳尔夫人并没有死，她和玛特儿设法营救于连，而于连对这一切已经不感兴趣，最终以蓄意杀人的大罪判处死刑。玛特儿在行刑后来到刑场，亲手把于连埋葬在一个山洞里。而德·雷纳尔夫人在于连死后第三天，抱吻着她的儿子离开了这个世界。

邮票
上的爱情小说

0,50€

Charaxes jasius

MONACO

TH. RILLET   TVF 2002   LARRIVIERE

5

雨果
《巴黎圣母院》（上）

邮票上的爱情小说

Youpiaoshang De Aiqingxiaoshuo

长篇小说《巴黎圣母院》是法国文学大师维克多·雨果（Victor Hugo，1802—1885）流芳百世的名作。雨果是著名的法国浪漫主义作家，被称为"法兰西的莎士比亚"。他的一生几乎跨越整个19世纪，文学生涯长达60年之久，创作力经久不衰，给法国文学和人类文化宝库留下了一份十分辉煌的文化遗产。

1802年2月26日，雨果出生在法国贝桑松城通衢街140号的一幢三层小楼里。他父亲是拿破仑手下的将军，当时正驻守贝桑松。雨果出生六周后，他的父亲奉调前往马赛，襁褓中的雨果随父母离开了这座城市。

● 瓦利斯富图纳1985年3月7日发行一枚邮票，邮票面值89太平洋法郎，纪念法国著名作家维克多·雨果逝世100周年。邮票图案色彩简洁，画面细腻，生动描绘了雨果青年和老年时代的肖像，十分逼真传神。

● 法国2001年5月5日发行一枚邮票，邮票面值0.46欧元，画面描绘了法国西北部的小镇贝桑松，法国东部弗朗什-孔泰大区的首府。极限片画面描绘了都伯河流到这里拐了个弯，构成了古城三面环河，一面傍山的地理格局。小城东邻瑞士，南接意大利，扼守着法国的东大门。维克多·雨果1802年就诞生在此地一所古老的屋子里。

邮票上的爱情小说

幼年时雨果常跟随父亲调防，在意大利和西班牙度过了童年时光，先后在马德里和巴黎的贵族中学接受教育。1817年，15岁的雨果以诗歌《读书之益》在法兰西学士院的征文中一鸣惊人，崭露头角，被称为"神童"。1826年雨果与缪塞、大仲马等青年作家组织了浪漫主义的第二文社，1827年

雨果发表了剧本《克伦威尔》和《序言》，立即成为法国浪漫主义文学运动的宣言书。1830年雨果的著名喜剧《欧那尼》上演，演变为浪漫主义和古典主义的一场决战，巩固了雨果的文学地位。

邮票上的爱情小说

- 位于非洲西部的多哥1977年2月26日发行一枚邮票小型张，共有两枚邮票，纪念法国著名作家维克多·雨果诞生175周年。其中邮票面值50非共体法郎，图案描绘了雨果青年时代的画像，以及1836—1848年间雨果在巴黎沃日广场的故居，现为巴黎的雨果博物馆；邮票面值60非共体法郎，图案描绘了维克多·雨果晚年的画像，以及他的流放地格恩西岛的海滨风光。

- 小型张边纸图案描绘了雨果创作时用的羽毛笔、墨水、书稿和时钟等物品。

- 民主德国1952年8月11日发行一套著名人物邮票，共有四枚。其中邮票面值12芬尼，纪念法国文学大师雨果诞生150周年。邮票画面描绘了雨果晚年的画像：白发苍苍，折射人生传奇；精神矍铄，隐现时代风云。

- 匈牙利1952年6月15日发行一套著名人物邮票，共有两枚。其中邮票面值2福林，纪念法国文学大师雨果诞生150周年。邮票画面描绘了雨果的画像：须眉浓密，蕴藏动人故事；满脸皱褶，深含曲折经历；双目深邃，洞察人间百态；神态深沉，静观时代沧桑。

1831年，雨果发表浪漫主义长篇小说《巴黎圣母院》。1848年的法国革命对雨果思想和风格的转变起了决定性的作用。当路易·波拿巴发动政变称帝时，雨果参加武装起义，结果被通缉，流亡国外长达19年。但他笔耕不已，以非凡的毅力写出了《悲惨世界》、《海上劳工》、《笑面人》等优秀的文学作品。

● 法国2007年发行一枚欧洲首都系列邮票小全张，共有四枚邮票，邮票面值都是0.54欧元，图案以比利时首都布鲁塞尔为主题。其中第一枚，画面是富丽堂皇的王宫建筑（Maison du Roi）；第二枚，画面是庄重典雅的市政厅建筑（Hôtel de Ville）；第三枚，画面是著名的撒尿小童雕塑（Manneken Pis）；第四枚，画面是原子球塔雕塑（Atomium）。小型张边纸描绘了布鲁塞尔的其他名胜古迹。

维克多·雨果几乎经历了19世纪法国的所有重大事变，人生坎坷，先后流亡到布鲁塞尔、泽西岛和格恩西岛，直到1870年68岁时才回到祖国。他一生写过多部诗歌、小说、剧本，以及各种散文和文艺评论及政论文章。人道主义和反对暴力是贯穿雨果一生活动和创作的主导思想，他的浪漫主义小说精彩动人，雄浑有力，具有永久的魅力。

● 英国泽西岛1982年6月11日发行一套邮票，共有六枚，纪念英国与法国的各种文化历史联系。其中邮票面值11便士，邮票图案描绘了法国著名作家维克多·雨果的画像，以及雨果在泽西岛流放时期的故居。图案左侧是著名的"流放之石"，流放期间，维克多·雨果常在这里隔海遥望所思念的祖国。图案下方是"泽西岛上的维克多·雨果"的英文字样。

● 位于英吉利海峡的英国格恩济岛1975年6月6日发行一套邮票，共有四枚，纪念法国著名作家维克多·雨果在格恩济岛的政治流放生活。其中邮票面值3.5便士，画面是雨果在格恩济岛的Hauteville故居；邮票面值4便士，画面是Candie公园的雨果塑像；邮票面值8便士，画面是雨果亲手在流放故居栽种的"欧洲统一橡树"；邮票面值10便士，画面是雨果故居房中的艺术挂毯《狩猎归来》。

● 吉布提1985年6月24日发行一枚邮票，邮票面值80吉布提法郎，纪念法国著名作家维克多·雨果逝世100周年。图案描绘了雨果晚年时的肖像，背景是雨果文学作品中的故事情景。

维克多·雨果一生写过多部戏剧，主张戏剧应师从莎士比亚的作品，更好地表现自由与真实。他认为真正的戏剧应当顾及灵魂和肉体两个方面，而剧作家应当敢于把现实生活中的一切现象都搬上舞台，但并非现实的简单重复。剧作家应把现实生活中的矛盾与冲突集中起来，选择或创造典型，而不抹杀个性。角色的语言应生动活泼、灵活多样，充满生命力和活力。

Premier Jour d'Émission - BESANÇON

VICTOR HUGO 1802-1885

● 俄罗斯1952年6月5日发行一枚邮票，邮票
面值40戈比，纪念维克多·雨果诞生150周
年。邮票图案描绘了雨果晚年的肖像。

● 法国1985年2月23日发行一套著名作家附捐邮
票，共有六枚邮票。其中邮票面值2.10法郎/
附捐0.50法郎，纪念法国著名作家维克多·雨
果逝世100周年。邮票和极限片图案刻画了雨
果的肖像。

● 阿尔巴尼亚1987年4月20日发行一套著名
人物邮票，共有四枚。其中邮票面值30昆
塔，画面描绘了法国文学大师维克多·雨
果的画像。

● 摩纳哥2002年7月1日发行一套以法国著名作
家雨果为主题的邮票，共有两枚邮票，纪念
他诞生200周年。其中邮票面值0.50法郎，画
面描绘了雨果的画像，以及长篇小说《巴黎
圣母院》中的吉普赛姑娘爱斯梅拉达和圣母
院敲钟人卡西莫多。邮票面值0.57法郎，画
面是雨果的著名诗歌《世纪传说》(la Legende
des siecles)中的故事情景。

　　《巴黎圣母院》是雨果一部引起轰动效应的浪漫派小说，它深刻的文学价值和
社会意义使它在经历了两个世纪之后，仍然有众多的读者。小说以引人入胜的生花妙
笔，描述了吉卜赛女郎爱斯梅拉达（Esmeralda）、敲钟人卡西莫多（Quasimodo）、
道貌岸然的副主教弗罗洛（Frollo）、侍卫队长法比斯（Phoebus）等几个主要人物命
运间的纠葛、冲突和毁灭，讲述了一个发生在1482年法国巴黎的富于传奇色彩的悲剧
性故事，艺术性地再现了法兰西国王路易十一统治时期的法国历史现实。

● 法国1969年11月8日发行一套邮票，共三枚，以历史人物为主题。其中第三枚邮票面值80分，画面描绘了法兰西国王路易十一为了巩固王权而四处征战的画像，以及其重要对手勃艮第公爵"大胆的查理"的画像。路易十一继位后以高压手段对付不顺从的封建诸侯，竭力执行巩固王权，集中封建领地的政策。诸侯们对他的野心做出激烈反应，成立了一个以勃艮第公爵"大胆的查理"为首的所谓"公益同盟"，以联合抵制国王的兼并行动。路易十一与这个"同盟"进行了长期而艰难的斗争。

法兰西国王路易十一（1461—1483）是查理七世之子，法兰西国土统一的奠基人，又称"万能蜘蛛"、"法兰西领土的凑合者"，他在位期间先后吞并了勃艮第公国、安茹公国、普罗旺斯伯国和曼恩伯国等，基本统一了法兰西全境。同时，他的经济政策促进了法国手工业和商业的繁荣。而长篇小说《巴黎圣母院》则正是描写了路易十一统治时期，法国的人生百态和社会缩影。

● 法国1993年11月20日发行一套邮票，共有两枚，邮票面值分别是2.80法郎和4.40法郎，纪念巴黎的卢浮宫建成200周年。两枚邮票的画面彼此相连，组成一幅完整的图案，全景式地描绘了卢浮宫庄重典雅的建筑风采。

故事发生在15世纪的巴黎，它由流经此地的塞纳河分为三个彼此分割的区域：内城、外城和大学城。其中内城占据着塞纳河中的小岛，有很多教堂，例如巴黎圣母院，归主教管辖。它像"一只大船漂流到塞纳河上，陷入泥沙而搁浅"，又像是一只大乌龟，遮盖着瓦顶的几座桥梁像是它的爪子从灰色房顶的龟壳里探出来。位于塞纳河的右岸的外城有很多宫殿，例如卢浮宫和市政厅，还有很多宽阔的花园和高大的建筑。而大学城占据了塞纳河的左岸，有很多学院和建筑，密密匝匝，高塔林立。从高空俯瞰，内城、外城和大学城呈现出大街小巷纷乱如麻，相互交织，纠缠不清。密密麻麻的屋顶、烟囱、大街、广场、高塔、钟楼，令人目不暇接。

Paris — Panorama sur la Seine

● 法国1949年6月13日发行一枚航空邮票，邮票面值100法郎，纪念在巴黎举行的国家电报和电话会议。画面描绘了巴黎塞纳河上著名的亚历山大三世大桥，以及小皇宫建筑等。亚历山大三世大桥是目前巴黎塞纳河上最为金碧辉煌的一座桥，是18世纪晚期建筑装饰的代表作品。这座桥以其独一无二的钢结构桥拱，将香榭丽舍大街和大小皇宫连接起来。

    在盛大节庆的清晨，当太阳刚刚升起，巴黎全城千千万万个教堂的晨钟一起鸣响。最初，这钟声有点颤抖，在朝霞灿烂的天空中徐徐升起；接着，钟声逐渐洪亮起来，并且彼此融合，汇成一支宏伟的协奏曲，仿佛有一大片声音在颤动，从数不清的钟楼中升起、漂浮、波动、欢跳，仿佛是芸芸众生的絮语，塞纳河水的呜咽，大街小巷的叹息，回旋于城市的上空，飘散到遥远的天外。不管它多么广阔，多么深沉，它依然通明豁亮，音色纯净，世界上没有什么声音比这钟声更加丰富，更加快乐，更加闪光，更加炫目。此时，整个巴黎城已经升华为一支美妙动听的乐曲，一场气势磅礴的合奏。

● 奥地利1999年11月12日发行一枚民间风俗邮票，邮票面值7奥地利先令，图案描绘了维也纳圣斯蒂芬大教堂的铜钟敲响，夜空中出现绚丽多彩的焰火，举城欢庆节日（The Pummerin Festival）的情景。

● 新西兰1984年9月26日发行一套圣诞邮票，共有三枚。其中邮票面值45分，画面描绘了教堂的两口大钟。

● 荷兰1981年9月1日发行一套欧罗巴"民俗和民间传说"专题邮票，共有两枚。其中邮票面值45分，画面描绘了教堂的钟楼，众多金色的大钟一起鸣响的情景。

● 圣马力诺1982年6月10日发行一套邮票，共有两枚，纪念在法国巴黎举行的PHILEXFRANCE'82国际集邮展览。其中邮票面值300里拉，画面描绘了1806年的巴黎圣母院；邮票面值450里拉，画面描绘了1982年的巴黎圣母院。

● 中国发行的明信片，画面是荷兰印象派画家梵高创作于1887年春天的油画作品《巴黎景观：自窗口眺望雷匹克街》。

- 卢森堡1977年3月14日发行一套邮票，共有四枚，以卢森堡的著名访客为主题。其中邮票面值6卢森堡法郎，画面是法国著名作家维克多·雨果的画像。

- 保加利亚1978年3月28日发行一套著名人物邮票，共有六枚。其中邮票面值35斯脱丁基，画面描绘了著名作家维克多·雨果晚年的肖像。画面下方是教堂的铜钟图案，寓意雨果伟大的传世作品《巴黎圣母院》。

在巴黎城钟声响起的众多教堂中，位于巴黎内城的巴黎圣母院（Notre Dame Cathedral）是西方哥特式教堂最完美的象征性建筑之一。它始建于1163年，由教皇亚历山大三世和法王路易七世奠基，历时182年之久，直到1345年才最后完成。整个教堂从墙壁、立柱、过梁直到屋顶，几乎都是用精美的石头雕琢砌筑而成。浪漫主义大作家雨果在他的小说《巴黎圣母院》中称颂这座宏伟建筑为"巨大的石头交响乐"，他曾深情地赞美："这个可敬建筑物上的每一个面，每一块石头，都不仅是我们国家历史的一页，并且也是科学史和艺术史的一页。"

- 多哥1980年12月22日发行一套著名教堂航空邮票，共有三枚。其中邮票面值150非共体法郎，画面描绘了巴黎圣母院正面的建筑风采。

- 俄罗斯1994年3月24日发行一套建筑艺术邮票，共有九枚，邮票面值都是150戈比，以世界著名教堂为主题。其中第四枚，画面描绘了巴黎圣母院正面的建筑风采。

- 马达加斯加1995年2月14日发行一套邮票，共有七枚，以世界著名教堂为主题。其中邮票面值525马达加斯加法郎，邮票图案描绘了巴黎圣母院正面的建筑风采。

● 法国2010年发行一枚欧洲首都系列邮票小全张，共有四枚邮票，邮票面值都是0.58欧元，图案以法国首都巴黎为主题。其中第二枚，画面描绘了巴黎圣母院的建筑风采。

　　巴黎圣母院屹立在塞纳河西岱岛上。这座哥特式教堂具有特殊的地理象征标志，据说从法国首都巴黎出发辐射到各地的里程计数以它为中心，即为零公里起点。纵观巴黎圣母院的建筑，拱顶结构轻巧优美，建筑立面雕刻丰富，殿堂空间高大宽敞，周边众多的大理石雕塑、壁画和彩色玻璃镶嵌画所组成的玫瑰窗华丽肃穆，幽深神秘。其主体建筑采用尖塔或尖拱券作顶，并由内外扶壁与矢拱向上升腾扶持，保持哥特式的显著特征。巴黎圣母院的门窗艺术造型成狭长尖拱形，时有从室外的光线透过玫瑰窗的彩色玻璃镶嵌画照射进来，形成光彩变幻的神秘宗教氛围。

● 法国2011年1月21日发行一套明信片，共有四枚，纪念巴黎圣母院建成850周年。明信片画面以各种
不同视角，描绘了巴黎圣母院气势恢宏的建筑风采，以及细腻精致的雕刻艺术。

● 法国1964年5月23日发行一枚邮票，邮票面值0.60法郎，纪念巴黎圣母院建成800周年。邮票画面是圣母院西立面的玫瑰玻璃窗画《圣母子》，图案下方有"巴黎圣母院大教堂建成800周年"的法文字样。

● 法国2011年1月21日发行一枚邮票小型张，共有两枚邮票，纪念巴黎圣母院建成850周年。其中邮票面值1.05欧元，画面是圣母院西立面的玻窗画《割麦》，图案形状为四叶花瓣；邮票面值1.55欧元，画面是圣母院西立面的玫瑰玻璃窗画《圣母子》，图案形状为圆形。小型张边纸图案勾画了圣母院的侧面建筑图，雕刻细腻，秀丽美观。图案下方写有小型张名称《巴黎圣母院大教堂850周年》的法文字样。该小型张由法国著名邮票设计家克洛德·安德莱奥托（Claude Andreotto）设计和雕刻，艺术效果大方得体，令人爱不释手。

故事发生在1482年1月6日，那一天是法国的主显节和愚人节，从清晨开始，巴黎的旧城区、大学城和新城区三重城垣里一片钟鸣声，所有的市民都被这声音惊醒了。在巴黎圣母院前的格雷沃广场放焰火，在勃腊格小教堂栽上五月柱，在司法宫上演圣迹剧，都是传统的节庆内容。于是，这天巴黎的店铺和住家都关上大门，市民们三五成群地从各个方向涌向这三个地点，尽情地享受节日的喜悦和狂欢。

● 法国1978年5月27日发行一枚风景名胜邮票，邮票面值0.80法郎，邮票和极限片画面描绘了巴黎塞纳河上新桥的两岸景色。塞纳河上的新桥是最有名的桥，其实它最长，最为古老，已经有近400年的历史了。新桥有12个拱，每个拱上塑了不知名壮士的头颅，有的怒目圆睁，有的闭目静思。新桥建成后整整两个世纪，一直是巴黎的商业中心，桥上热热闹闹，有书商、自编自演的艺术家、流动摊贩，甚至拔牙者。直到今天，大桥两边的人行道还建有半圆形石椅，椅面凹凸不平，记载着岁月沧桑。

- 加纳1993年3月1日发行一枚邮票小全张，共有八枚邮票，邮票面值都是200塞地，以绘画艺术为主题，纪念法国巴黎的卢浮宫建成200周年。其中第一枚至第三枚，画面是画家乔瓦尼·多梅尼科·提埃波罗（Giovanni Domenico Tiepolo，1828—1804）的画作《狂欢节景象》，描绘了人们身穿奇装异服，头戴各种面具，有的大叫大闹，有的载歌载舞，兴高采烈地尽情享受喜悦和狂欢的热闹情景。

- 丹麦1984年11月22日发行一套绘画艺术邮票，共有两枚。其中第一枚邮票面值5.00丹麦克朗，画面是画家Christoffer W. Eckersberg（1783—1853）的画作《罗马狂欢节》，描绘了狂欢节上欢快起舞的红裙少女，以及其他各种装束打扮、各种舞蹈动作的狂欢者。

- 德国1972年11月10日发行一枚邮票，邮票面值40芬尼，纪念科隆狂欢节(Cologne Carnival) 150周年。画面描绘了科隆狂欢节中兴高采烈的舞蹈者，他们戴着化妆面具，手拿乐器道具，载歌载舞，尽情狂欢。

那天在司法宫进行的怪笑表演热闹非凡，处处洋溢着狂欢的热情和陶醉。参加表演的每个人都朝大家扮个怪笑，哪个最丑，大家的喝彩声越热烈，就可以当选为巴黎的"愚人王"。于是，大家的情绪放纵淹没了一切，演出大厅变成一个厚颜无耻的大火炉，每一个人都大叫大闹，每个人的眼睛都闪烁着狂热的光彩，每个人的扮相都丑陋无比。

● 葡萄牙2006年6月29日发行一套邮票，共有六枚，以面具为主题。邮票面值分别是3分，5分，30分，45分，60分和75分，邮票画面描绘了各式各样的节庆狂欢面具。

● 罗马尼亚1969年11月24日发行一套邮票，共有四枚，以面具为主题。邮票面值分别是40巴尼，55巴尼，1.55列伊和1.75列伊，邮票画面描绘的面具形象生动，表情夸张，各具特色，五彩缤纷。

● 比利时1984年9月1日发行一套绘画艺术附捐邮票，共有四枚，纪念布鲁塞尔美术馆开馆。其中第一枚，邮票面值8比利时法郎/附捐2比利时法郎，画面是画家James Ensor的画作《假面舞会》。

● 马耳他2003年5月9日发行一套欧罗巴专题《海报艺术》邮票，共有两枚。其中邮票面值46分，画面是1939年的狂欢节海报，描绘了一位年轻人身穿夸张的服饰，敲着快乐的手鼓，欢庆狂欢节的情景。

● 法国1989年4月21日发行一套以巴黎的著名历史建筑为主题的邮票，共有五枚，邮票面值都是2.20法郎。其中第四枚，邮票和极限片图案描绘了巴黎圣母院建筑。

突然，大厅里爆发出一阵撼天震地的喝彩声，一张要多丑有多丑的怪脸毫无争议地当选了"愚人王"！他奇丑无比，四角形的鼻子，马蹄形的嘴巴，右眼上一个大肉瘤，一颗大牙破口而出，大脑袋上长满了棕红色的头发。而且身材也奇丑无比：双肩之间耸立起硕大的驼背，双腿长得十分别扭，就像两把很大的镰刀，仅在膝盖处才能够合在一起。他就是巴黎圣母院的畸形敲钟人卡西莫多。

卡西莫多原是一个被人遗弃的畸形儿，饱受屈辱和蔑视。16年前，他被巴黎圣母院赫赫有名的副主教克洛德·弗罗洛德收养，因此把副主教视作为唯一的亲人。克洛德道貌岸然，博闻多才。他表面上长年蛰居斗室，虔诚清苦，远离世俗的欢乐与享受。

Esmeralda

RF

Esmeralda

0,50€

HOORAIN   ITVF

Premier Jour   30.08.2003

PARIS

ST. VINCENT AND THE GRENADINES $6

QUASIMODO, ESMERALDA AND DJALI

© DISNEY

© DISNEY

DISNEY'S THE HUNCHBACK OF NOTRE DAME

6

雨果

《巴黎圣母院》（下）

邮票上的爱情小说

Youpiaoshang De Aiqingxiaoshuo

到了晚上，巴黎塞纳河边的格雷沃广场还在举行热闹欢腾、五光十色的庆典表演。吉普赛少女爱斯梅拉达正在篝火和人群中的一块空地上跳舞，这位姑娘是凡人，还是天使？她优美的身材亭亭玉立，健康的肤色闪烁金光。她脚下随便铺着一条波斯地毯，跳起舞来旋转自如、舞姿婀娜。她美丽动人的脸庞光彩四射，乌黑的大眼睛忽闪忽闪，时而把两只滚圆而白皙的胳膊举过头顶，敲着一面巴斯克手鼓，窈窕的腰肢像蜜蜂一样灵活转动，五颜六色的衣裙飞快舞动。

● 爱尔兰1998年5月6日发行一套"节日与民族庆典"
  欧罗巴专题邮票，共有两枚。其中邮票面值30便士，以爱尔兰传统的帕克节（Puck Fair）为主题。
  画面描绘了一只戴着金色王冠的白山羊，以及各种热闹喜庆的景象。

● 法国2003年8月30日发行一套邮票，共有六枚，邮票面值都是0.50欧元，以法国文学中的著名人物
  形象为主题。其中第二枚，邮票和极限片图案描绘了《巴黎圣母院》中吉普赛女郎爱斯梅拉达拿
  着手鼓、带着小白羊进行街头表演的情景。

● 瑞典1995年1月2日发行一套动物邮票。其中邮票面值3.70瑞典克朗，邮票图案描绘了一只白山羊，
  它双耳挺拔，长角弯曲，胡须浓密，表情温驯，描绘得细致入微，层次分明，栩栩如生。

● 新西兰1975年8月6日发行一套附捐邮票，以儿童健康为主题。其中邮票面值3分/附捐1分，画面描绘了田园阡陌，绿草如茵，一个小女孩正在喂食小羊羔的情景。

● 特立斯坦达库尼亚1994年11月发行一套邮票，共有四枚，以农庄动物为主题。其中邮票面值60便士，画面描绘了一个小女孩正在喂养一只白色的小羊羔。

　　姑娘的跳舞获得了观众的爱怜和喝彩。她的身边有一只小白山羊，敏捷、可爱、光亮，一对羊角描成了金色，双脚也镀成了金色，还戴着一副镀金项圈。她一边坐下来，一边与小白羊一起表演起节目来。小白羊时而敲鼓，时而欢叫，时而模仿军官走路，时而模仿牧师布道，赢得观众的大声喝彩。

● 澳大利亚2005年10月4日发行一套邮票，共有六枚，邮票面值都是50分，以农庄动物为主题。其中第二枚，画面描绘了在绿草地上活蹦乱跳的小羊羔，正在与蝴蝶、蜻蜓自由嬉戏的情景；第三枚，画面描绘了调皮的小山羊翻越羊栏啃食玉米的情景。

　　此时，城里的"愚人王"游行队伍向广场走了过来，队伍中充斥着巴黎所有能够找到的强盗、小偷和乞丐，他们高举火把，大叫大笑，走遍了城里的大街小巷。其中头戴王冠，手持王杖，身穿王袍的就是今年的新任"愚人王"——巴黎圣母院的敲钟人卡西莫多。他容光焕发，平时忧郁和不幸的面孔上也泛出了灿烂的光辉。

● 法国1976年7月10日发行一枚邮
票，邮票面值1.00法郎，纪念法
国巴黎举行的"巴黎之夏"节
庆。邮票和极限片画面描绘了人
们载歌载舞欢庆节日的情景。极
限片画面描绘了巴黎的凯旋门、
穿戴着各式各样服装和面具的狂
欢者和表演者。

● 塞舌尔1972年9月18日发行一套1972年节庆邮票，共有四枚邮票。其中邮票面值10分，邮票图案是节日夜晚空中五彩缤纷的焰火。

● 泰国2010年发行一枚以节日烟火为主题的邮票小型张，含有四枚邮票，邮票面值都是3.0泰铢。四枚邮票的图案相互衔接，描绘了泰国曼谷夜空节日焰火的美丽情景。

● 巴拉圭1976年4月2日发行一套邮票，共有八枚。其中邮票面值5瓜拉尼，画面是画家Esquevel的画作《骑着白马的骑士》，描绘了一名一身戎装的军官，骑着白马，手执马鞭，表情威严，英姿勃勃。

● 法国1980年11月24日发行一枚邮票，邮票面值1.70法郎，邮票和极限片画面描绘了一名骑马的近卫兵，他身材高大，表情威严，一身戎装，英姿飒爽。

巴黎圣母院的克洛德副主教那天也在广场的人群中观看表演，他表情严肃而阴沉，但那双深陷的眼睛中闪耀着异乎寻常的青春火花和炽热旺盛的生命激情。当他看到吉普赛少女爱斯梅拉达天仙般的表演以后，觉得他本来的梦幻愈来愈暗淡无光，从而心神不宁。

　　就在那天晚上，他指使新任"愚人王"卡西莫多去把爱斯梅拉达抢来强占。对主教十分愚忠的卡西莫多无条件地服从主人的驱使，和他一起在一条昏暗的小街道上劫持了这位不幸的少女。幸而年轻英俊的国王侍卫长法比斯手提宝剑、骑着骏马，带领着十几个弓箭手巡视街道时路经这里，他听到爱斯梅拉达可怜的呼救声后前来营救，捕获了凶手卡西莫多，而另一名凶手克洛德副主教却乘着黑暗逃之夭夭。

● 摩纳哥1997年5月31日发行一套邮票，共有三枚，以王宫卫队制服为主题。其中邮票面值3.00法郎，画面描绘了1997年的卫队制服；邮票面值3.50法郎，画面描绘了1750—1853年间的卫队制服；邮票面值5.20法郎，画面描绘了1865—1935年间的卫队制服。

● 波兰2003年2月1日发行一枚情人节邮票，邮票面值1.30新兹罗提，画面上描绘了一位骑士打扮男子的"英雄之举"：用一把锋利的"爱情"之剑直"刺"情人的爱心。

　　吉普赛女郎双手扶着卫队长法比斯的肩膀，仔细地看了他几分钟，似乎是喜欢他那俊美的容貌，而且也对他的搭救感到高兴，心中开始默默地爱上了他。她柔声问了他的姓名，向他致谢，然后就像闪电般飞快地逃走了。畸形敲钟人卡西莫多被抓获后被捆绑在格雷沃广场的耻辱柱上，受尽鞭打和折磨，饥渴难忍。成千上万的辱骂声从围观的人群中倾斜而来，嘘声和笑声从四周响起，随时都有石子和石块扔上来。正在此时，从人群里走出一位美丽少女，带着一头雪白小山羊，手里还拿着一面小鼓，她正是卡西莫多强抢过的爱斯梅拉达。

- 冰岛2013年发行一枚邮票，邮票面值50g标准邮资，画面在绿色草原背景下描绘了一只洁白可爱的山羊：一双羊角弯曲如钩，美丽纹理犹如精雕细琢；一身绒毛轻柔细软，丝丝缕缕仿佛白云飘落。

她一言不发地飞快走上台阶，走到这挣扎着身子想避开她的罪人面前，轻轻地把水壶递到他干裂的唇边。于是，卡西莫多拼命地喝着水，口渴得火烧火燎。他那彻底干燥、俨如火焚的独眼中，大颗的眼泪转动着慢慢流落，沿着那因为失望而长久抽搐的畸形脸庞淌下，这可能是这可怜人有生以来流淌的第一滴眼泪。

- 德国2001年5月10日发行一枚欧罗巴《水——自然的财富》专题邮票，邮票面值110芬尼，描绘了清澈透明的水和玻璃水杯。

- 葡萄牙2006年3月22日发行一套以"水"为主题的邮票，共六枚。邮票图案演绎了水在人类生活中方方面面的故事。其中邮票面值N(30分)，图案用鲜明的色块清晰地描绘了一池碧波的天然水体，以及晶莹透亮的饮用水和水杯。

- 美国1985年4月17日发行一枚邮票，邮票面值22美分，以爱情为主题。邮票极限片描绘了一对情侣相拥而坐、倾述衷情的情景，以及长着翅膀，手持爱情弓箭的小天使。

几个星期过去了，到了阳春三月的时候。一直在暗中跟踪吉普赛女郎的副主教克洛德，打听到爱斯梅拉达将要悄悄与侍卫长法比斯幽会，心中的妒火再一次燃烧起来。其实，法比斯正在与一名富家小姐谈婚论嫁，与可怜的吉普赛女郎约会只是轻佻放荡，逢场作戏。但爱斯梅拉达却对他一片真心，就像一只无法抵御蟒蛇吸引力的小鸟。

　　一天晚上，爱斯梅拉达和侍卫长法比斯来到一家小旅馆。姑娘低垂着长睫毛，满面绯红，情意绵绵向法比斯述说着自己对他的倾慕："法比斯，您俊美善良，行侠仗义，搭救了我的命。我梦中的情人和您一模一样，身穿华丽的军装，仪表不凡，身佩长剑。您迈几步，让我看看您那修长的身材，让我听到您那马刺的响声。您是多么英俊啊！您爱我吗？我让您对我说，您到底爱不爱我。"侍卫长听到这样坦白的倾诉喜出望外，半跪在地上讨好地信誓旦旦："我爱不爱你，我生命的天使！我的肉体、我的血液、我的灵魂，全都是你的，全都是为了你！我爱你，我只爱你一个人！"其实，这样的话他在类似场合对其他姑娘不知道说过多少次。

● 民主刚果1977年8月20日发行一套邮票，共有三枚，纪念法国著名作家维克多·雨果。其中邮票面值35中非法郎，图案描绘了雨果的肖像，背景是长篇小说《巴黎圣母院》中的副主教克洛德设计刺伤卫队长法比斯，将此罪行嫁祸于爱斯梅拉达的情景。

邮票上的爱情小说

　　藏在一隅暗中观察的克洛德见了此情此景，妒忌得咬牙切齿。他终于忍无可忍，怒不可遏，拔出锋利的匕首刺伤了法比斯，然后跳窗逃走。在法庭审判时，昏庸的法官一口认定爱斯梅拉达刺伤了法比斯，凶残地判处这位无辜的少女绞刑。就在执行绞刑的前一晚，克洛德到牢房向爱斯梅拉达坦承是自己行刺了法比斯，并准备带她一起逃离巴黎。但爱斯梅拉达十分痛恨他的伪善，愤怒地予以拒绝。

　　第二天上午，爱斯梅拉达坐在刑车上来到了巴黎圣母院前的广场，那里人山人海，水泄不通。可怜的姑娘即将被推上绞架，朝着她生命的终点走去。她用红肿干涩的双眼，看了看天空和太阳，看了看大地、人群和房舍……突然，在广场的拐弯处那儿的一个阳台上，她看到了她一往情深的情人法比斯，他身边偎依着一名漂亮的小姐。爱斯梅拉达拼命地喊道："法比斯！难道就连你也相信这一切吗？"

　　就在此时，出现了惊人一幕：巴黎圣母院的驼背敲钟人卡西莫多只身一人冲进刑场，挥起两只巨大的拳头将行刑人打翻在地，一手抱起吉卜赛女郎，就像孩子抱起布娃娃一样，飞快地跑进了巴黎圣母院，用令人恐怖的声音大喊道："圣殿避难！"。按照当时的宗教法规，巴黎圣母院不受人间法律管辖，现在成了爱斯梅拉达的避难地。

● 匈牙利1948年10月16日发行一套作家邮票，共有十枚。其中邮票面值6福林，图案描绘了法国著名作家维克多·雨果，背景是巴黎圣母院的畸形敲钟人卡西莫多，正在将吉普赛姑娘爱斯梅拉达救入圣母院内保护的情景。

畸形敲钟人卡西莫多把爱斯梅拉达死死地抱在瘦骨嶙峋的胸前，就像她是他的宝贝，是他的一切。他的眼睛里熠熠闪耀着光芒，显得精神抖擞。他本来缈若尘沙，现在却凭着上帝的力量，觉得自己强大无比，竟然可以蔑视着人类的司法，蔑视那群警官、法官和刽子手！

就这样，爱斯梅拉达获救后躲藏在巴黎圣母院的一间小屋里"避难"，身边只有聪明可爱的小白羊做伴。巴黎圣母院这座宏伟的教堂从各个方面围绕着她，护卫着她，保佑着她。这座气势恢宏的古老建筑物发出各种庄严肃穆而温馨祥和的声音：圣殿里信徒们的歌声，彩绘玻璃窗的震颤和鸣，管风琴气势磅礴的演奏，以及钟楼此起彼伏的钟声，像滚滚潮流，抚慰着这个罹难的灵魂。

● 瑞士1984年11月26日发行一套附捐邮票，共有四枚，以著名儿童故事为主题。其中第一枚邮票面值35瑞士分/附捐15瑞士分，画面描绘了一个小女孩与小白羊在一起的情景。

● 韩国2002年12月2日发行一枚邮票小型张，共有两枚相同的邮票，邮票面值190韩元，纪念中国农历羊年。邮票画面描绘了一只白色的小山羊，乌黑的眼睛，红色的弯角，显得稚气可爱。

● 斯洛伐克2005年3月
10日发行一枚复活
节邮票，邮票面值9
斯洛伐克克朗。邮
票和极限片图案描
绘了一只洁白可爱
的小羊羔，寓意春
天和生命的勃发和
美丽。

● 民主德国1976年1月27日发行一套
音乐邮票，共有四枚，邮票面值
分别是10芬尼、20芬尼、35芬尼和
50芬尼，邮票画面描绘了四种著
名的西尔伯曼管风琴（Silbermann
Organ）。

● 法国2012年11月发行一枚邮票小型张，共有两枚邮票，邮票面值分别是0.89欧元和1.45欧元，描绘
了吕内维尔圣雅克教堂金碧辉煌的巨大管风琴。

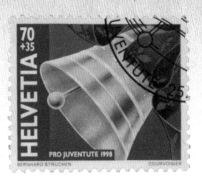

● 俄罗斯1991年7月10日发行一枚附捐邮票，邮票面值20戈比/附捐10戈比，以俄罗斯文化为主题。画面描绘了教堂建筑的风采，以及教堂的大钟。

● 瑞士1998年11月25日发行一套附捐邮票，共有四枚。其中邮票面值70分/附捐35分，画面描绘了圣诞树上悬挂的小铃铛。

● 列支敦士登1997年12月1日发行一套圣诞邮票，共有三枚，以圣诞树装饰品为主题。其中邮票面值90分，画面描绘了圣诞树上悬挂的小铃铛。

● 法国2010年发行一枚欧洲首都系列邮票小全张，共有四枚邮票，邮票面值都是0.58欧元，图案以法国首都巴黎为主题。其中第一枚，画面是气势恢宏的凯旋门；第二枚，画面是肃穆幽深的巴黎圣母院；第三枚，画面是庄重典雅的卡尼尔歌剧院；第四枚，画面是挺拔耸立的埃菲尔铁塔。

850e ANNIVERSAIRE DE LA CATHÉDRALE NOTRE-DAME DE PARIS

SOUVENIR PHILATÉLIQUE

● 法国2011年1月21日发行一枚邮票小型张，共有两枚邮票，纪念巴黎圣母院建成850周年。上图是该小型张的封套图案，描绘了巴黎圣母院内部大厅的建筑风采。

● 法国2011年1月21日发行一枚邮票小型张，共有两枚邮票，纪念巴黎圣母院建成850周年。其中邮票面值1.05欧元，画面是圣母院西立面的玻窗画《割麦》，图案形状为四叶花瓣；邮票面值1.55欧元，画面是圣母院西立面的玫瑰玻窗画《圣母子》，图案形状为圆形。小型张边纸图案勾画了圣母院墙面的精美建筑雕塑。

　　畸形敲钟人卡西莫多对少女爱斯梅拉达怀有感激之情，成为她的保护人。他既要防备邪恶的副主教克洛德强占爱斯梅拉达，还要去恳求卫队长法比斯去看望爱斯梅拉达。不久，巴黎下层社会的好汉前来营救女郎，敲钟人误以为是官兵，拼命抵抗。邪恶的克洛德副主教在混乱中把爱斯梅拉达劫持出圣母院，逼迫她在服从他的欲望和上绞架失去生命之间做出选择，但爱斯梅拉达宁死不屈。克洛德气急败坏，把爱斯梅拉达交给了官兵，并在圣母院钟楼顶上亲眼看着她被绞死。卡西莫多看到这惊天的冤屈和悲惨的一幕，内心忍无可忍。他愤怒地将卑鄙无耻的养父克洛德推下钟楼，活活摔死。自己则找到少女爱斯梅拉达的尸体，拥抱着她死去。

● 法国2004年9月18日发行"各地生活风情"系列第四枚小全张，共有十枚邮票，邮票面值都是0.50欧元。其中第四枚，画面描绘了巴黎圣母院庄严肃穆的建筑风采。

● 乍得1999年9月10日发行一套小全张，共有五枚，纪念千禧年。其中第一枚小全张共有九枚邮票，邮票面值都是150中非法郎。其中第三枚，画面描绘了巴黎圣母院正立面的部分建筑雕塑。

● 法国1989年4月21日发行一套以巴黎的著名历史建筑为主题的邮票，共有五枚，邮票面值都是2.20法郎。这五枚邮票的图案相互衔接，构成一幅完整的图案。其中第四枚，邮票和极限片图案描绘了巴黎圣母院的建筑风采。

　　"宗教、社会、自然是人类的三大斗争对象，这三者同时也是人类的需要。人需要信仰，所以有庙堂；人需要创造，所以有城市；人需要生活，所以有犁和舟。人生的神秘的苦难，就来自这三种斗争。人类进步须克服迷信、偏见和物质这三种形式的障碍。三种沉重的枷锁套在我们的脖子上，那便是教会、法律和自然的桎梏。……在纠缠着人类的三种苦难里，更混杂着一种内在的苦难，最沉重的枷锁，便是人民自身心灵中的枷锁。"这是法国文学大师维克多·雨果（Victor Hugo，1802—1885）的一段名言。

- 苏联1975年发行的明信片，图案是俄罗斯画家丹尼尔·沃罗涅日（1894—1964）1937年的墨笔画作品：此时落日将尽，湿漉漉的黄昏令人无比伤感，无比惆怅。巴黎蜿蜒曲折地倒在塞纳河两旁，慢慢亮起了灯火。

FIRST DAY OF ISSUE
AUSTRIA

FANNY ELSSLER

Mrs. Ray C. Edwards
396 Ski Trail
Smoke Rise
Kinnelon, New Jersey 07405

- 奥地利1984年11月23日发行一枚邮票，邮票面值4奥地利先令，纪念奥地利芭蕾舞女演员艾尔斯勒逝世100周年。邮票和首日封画面描绘了艾尔斯勒在舞剧《爱斯梅拉达》中，成功地饰演街头跳舞卖艺的吉普赛姑娘爱斯梅拉达，成为观众心中的偶像。

　　1840年，法国舞蹈家佩罗将雨果的长篇小说《巴黎圣母院》改编为舞剧《爱斯梅拉达》，由普格尼作曲。该剧1848—1850年间在圣彼得堡和莫斯科演出时，奥地利芭蕾舞女演员艾尔斯勒（Fanny Eissler）成功饰演的爱斯梅拉达好评如潮，风靡一时。1910年俄国芭蕾舞编导高尔斯基将之重新改编为舞剧《古杜尔的女儿》，强调母女情谊。

● 格林纳达格林纳丁斯1997年8月7日发行一枚邮票小全张，共有九枚邮票，邮票面值都是1加勒比元，以著名卡通影片为主题。其中第七枚，画面采用动画表现手法描绘了根据雨果长篇小说《巴黎圣母院》改编的动画片《巴黎圣母院的驼背敲钟人》，圣母院敲钟人卡西莫多与他深爱的吉普赛姑娘爱斯梅拉达在一起的情景。

● 俄罗斯1996年8月7日发行一套邮票，共有四枚，纪念著名芭蕾舞家亚历山大·高尔斯基。其中第一枚邮票面值750戈比，画面描绘了他的画像，以及他编舞的芭蕾舞剧《古杜尔的女儿》（The Daughter of Gudule）。

● 圣文森特和格林纳丁斯1996年发行一套邮票，共有五枚邮票小型张和三枚小全张，以动画电影《巴黎圣母院的驼背敲钟人》为主题。第二枚邮票小全张共有九枚邮票，邮票面值都是30分，画面描绘了驼背敲钟人、身穿红裙的爱斯梅拉达、一身黑衣的教堂副主教，以及该动画片的各种生动有趣的故事情景。

● 第三枚邮票小全张共有八枚邮票，邮票面值都是1东加勒比元，画面描绘了该动画片的各种主要人物，其中包括心地善良的男主角驼背人、年轻英俊的侍卫长、阴险歹毒的教堂副主教、天真淳朴的吉普赛少女爱斯梅拉达、活泼可爱的小白山羊等。

● 第一枚邮票小全张共有六枚邮票，邮票面值都是10分，画面描绘了巴黎圣母院、驼背敲钟人、骑着黑马的侍卫长以及动画片中的其他故事情景。

● 五枚邮票小型张面值都是6东加勒比元，其中第一枚，画面描绘了巴黎广场上举行的愚人节庆典，吉普赛少女爱斯梅拉达带着小白羊，和大家一起欢乐歌舞的场面；第二枚，画面描绘了驼背敲钟人被抓获后在广场受尽折磨，饥渴难忍。人群中的爱斯梅拉达深感同情；第三枚，画面描绘了驼背敲钟人营救爱斯梅拉达的情景。第四枚和第五枚邮票小型张的画面描绘了吉普赛少女爱斯梅拉达和驼背敲钟人成为患难之交，相依为命，逐渐坠入爱河的故事情景。

ST. VINCENT AND THE GRENADINES $6

© DISNEY

ESMERALDA AND PHOEBUS

© DISNEY

Disney's THE HUNCHBACK OF NOTRE DAME

7

雨果
《海上劳工》

邮票上的爱情小说

Youpiaoshang De Aiqingxiaoshuo

维克多·雨果1866年发表长篇小说《海上劳工》（The Toilers of the Sea），故事发生在法国西部大西洋中的根西岛上。男主人公吉里亚特是一个以捕鱼和种地为生的海岛青年，他的长相有点像古代蛮人，双目之间有一条笔直的纹路，表现出男人应有的勇敢和坚忍。额头线条高贵清晰，双眼瞳孔深邃明亮，常年的日晒风吹使他的皮肤全身黝黑。

● 英国根西岛1982年7月13日发行一套欠资邮票，共有十二枚，以根西岛风土人情为主题。根西岛是英国的海外属地，位于英吉利海峡靠近法国海岸线的海峡群岛之中，同周围一些小岛组成了根西行政区（Bailiwick of Guernsey）。行政区总面积78平方千米，为英国三大皇家属地之一。其中邮票面值1便士，画面描绘了奶牛与挤奶农妇；邮票面值2便士，画面描绘了高耸的风车；邮票面值3便士，画面描绘了简朴的农舍；邮票面值4便士，画面描绘了岛上的海港；邮票面值5便士，画面描绘了取水的水井；邮票面值16便士，画面描绘了海草的捕捞；邮票面值18便士，画面描绘了海边景观；邮票面值20便士，画面描绘了海湾景色；邮票面值25便士，画面描绘了海湾景色；邮票面值30便士，画面描绘了山区景色；邮票面值50便士，画面描绘了古老的港口；邮票面值1英镑，画面描绘了温室建筑。

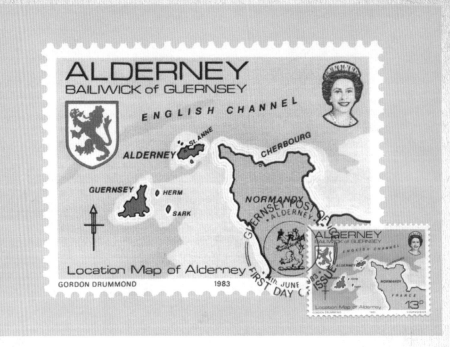

● 英国海峡群岛中的奥尔德尼岛（Alderney）1983年6月14日发行第一套邮票，共有十二枚，以该岛的风土人情为主题。其中邮票面值13便士，邮票和极限片画面描绘了根西岛（Guernsey）、奥尔德尼岛（Alderney）和萨克岛（Sark）等海峡群岛岛屿在英吉利海峡中的地理位置。

● 瑞典1992年3月26日发行一枚欧罗巴专题《发现美洲大陆500周年》邮票小型张，共有三枚邮票，邮票面值都是4.50瑞士克朗，以航海帆船为主题。其中第一枚，画面描绘了1785年的Sprengtporten号航海帆船航行的情景；第二枚，画面描绘了1855年的Superb号航海帆船航行的情景；第三枚，画面描绘了1992年举行的"发现杯"国际帆船竞赛，从西班牙航行至美国佛罗里达。首日封图案描绘了发现美洲大陆的航行海图。

吉里亚特是一个天生的航海家，他经常攀登悬崖峭壁，航行危险航道，而仅仅是为了消遣和爱好。人们看到他驾船航行在诺曼底的浅滩上，穿梭于群岛的礁石之间，似乎心中藏有一幅海底地形图，对各种艰难险阻了如指掌。他出海总是能捕到很多鱼，但从来不卖，而是送给别人。他还本能地学会了木匠、铁匠、车匠和修船匠等三四种手艺，皆是无师自通。

● 冈比亚1996年1月29日发行四枚邮票小全张和四枚邮票小型张，纪念大都会美术馆建馆125周年。其中第四枚小全张共有邮票八枚，邮票面值都是4达拉西。其中第四枚，画面是德国画家汉斯·荷尔拜因（Holbein Hans，约1497—1543）的画作《年轻人肖像》。

● 联合国美国纽约总部1998年5月20日发行一枚邮票小全张，共有十二枚邮票，邮票面值都是32美分，纪念国际海洋年。邮票图案描绘了海洋中海龟、水母、海马、鲨鱼、章鱼、海象、螃蟹和其他多种海洋生物的生动形象。小全张边纸上方有"国际海洋年"的英文字样，边纸左右两侧有国际海洋年的徽志以及"UNESCO"的字样。

● 法国1999年7月10日发行一套帆船邮票，共有十枚，邮票面值都是1.00法郎。其中第十枚，邮票画面描绘了Cuaugtemoc号三桅帆船，极限片画面描绘了该帆船在海上航行，劈风斩浪、奋勇前行的情景。

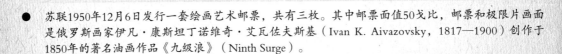

● 苏联1950年12月6日发行一套绘画艺术邮票，共有三枚。其中邮票面值50戈比，邮票和极限片画面是俄罗斯画家伊凡·康斯坦丁诺维奇·艾瓦佐夫斯基（Ivan K. Aivazovsky, 1817—1900）创作于1850年的著名油画作品《九级浪》（Ninth Surge）。

● 俄罗斯1998年3月17日发行一套绘画艺术邮票，共有四枚，邮票面值都是1.50卢布，纪念圣彼得堡的俄罗斯国家博物馆成立100周年。其中第三枚，画面是俄罗斯画家伊凡·康斯坦丁诺维奇·艾瓦佐夫斯基（Ivan K. Aivazovsky, 1817—1900）创作于1850年的著名油画作品《九级浪》（Ninth Surge）。其画面以人与大自然进行搏斗的勇敢和顽强为主题，描绘了由风浪激起的波涛曲线，惊心动魄，凶险万分，浪峰和波谷显示出狂放不羁的节奏和吞并一切的气势。整个画面场景宏伟壮观、色彩层次丰富，木筏上的人物洋溢着英雄不屈的气概，富有艺术感染力。

THE CENTENARY OF THE   GUERNSEY YACHT CLUB

Designed by Clive Abbott   Sailing Seasons 1891–1991   Printed by BDT Limited

● 英国根西岛1991年7月2日发行一枚邮票小型张，共有五枚邮票，邮票面值分别为15便士、21便士、26便士、31便士和37便士，纪念根西岛赛艇俱乐部成立100周年。邮票画面描绘了各式各样的帆船赛艇。

● 英国泽西岛1989年10月24日发行一套绘画艺术邮票，共有五枚，以画家莎拉·路易莎（Sarah Louisa Kilpack）的泽西岛风景画为主题。其中邮票面值13便士，画面是画作《戈里海港》（Gorey Harbour）；邮票面

值17便士，画面是画作《科比尔景色》（La Corbiere）；邮票面值23便士，画面是画作《Greve de Lecq》；邮票面值32便士，画面是画作《Bouley Bay》；邮票面值35便士，画面是画作《奥格尼山峰》（Mont Orgueil）。

● 莫桑比克2004年发行一套绘画艺术邮票小型张，共有四枚。其中第三枚小型张以法国印象派画家雷诺阿的画作为主题，共有六枚邮票，邮票面值都是10000梅蒂卡尔。其中第四枚，画面描绘了一名清纯可爱的少女，神情逼真，形象生动。

　　根西岛上有个娇美的姑娘戴吕斯特，是船主勒杰利的侄女。她生性天真纯洁，身材轻盈飘逸。栗色的头发，白皙的肌肤，额头清秀稚气，目光慵懒优雅。勒杰利原先与一个名叫朗泰伦的人合股从事海上运输，不慎被他掠去全部股金。勒杰利并不灰心，又重

整旗鼓，经过十年努力，把旧船翻修一新，取名"杜郎德号"，并委托克里班为船长。但祸不单行，克里班也是个内心凶恶之人，为了一笔巨款不惜让"杜郎德号"在"多佛尔角"触礁遇险，自己也被海里章鱼的触须缠住，与财物一起葬身海底。

● 法国1971年4月10日发行一枚邮票，邮票面值0.80法郎，邮票和极限片画面描绘了"美丽王后"号合恩角（Cape Horn Clipper "Antoinette"）三桅快船。

　　"杜郎德号"海上遇险的消息传到了岛上，船主勒杰利一家失魂落魄，陷入痛苦的深渊。"多佛尔角"海域那尖利的礁石像钉子一般把"杜郎德号"钉在那里，但海上狂怒的暴风雨掀起的汹涌波涛又把它从暗礁里拔出，再以飞箭一般的速度把它抛向两座礁石的中间，动弹不得。其船舷已被洞穿，桅杆全部折断，散了架的船体正在被无情的海浪分解为碎片。唯独船上的机器还保存完好，若能被救出，也许还能补救。但眼下正是大海风浪说变就变的季节，要去抢救这艘船困难极大。只要刮起狂风，锚链就会被暗礁的脊角锉断，船就会触礁撞个粉碎，因此无人敢去。绝望之余，戴吕斯特含泪许诺："哪一位愿去，我就做他的妻子。"船主勒杰利也向上帝发出同样的誓言。这时，人群中走出一个脸色苍白的人，他就是一直暗恋着戴吕斯特的吉里亚特。

● 英国根西岛1983年3月14日发行一套欧罗巴《重大成就》专题邮票，共有四枚，其中两枚邮票面值13便士，另两枚邮票面值20便士，以根西的圣彼得海港（St. Peter Port Habor）为主题。四枚邮票的画面从不同视角描绘了该海港的风光景色。

第二天月光皎洁的夜晚，吉里亚特驾着自己的帆船，劈波斩浪前去抢救。那里的礁石像两头狰狞的巨兽匍匐在海中，排山倒海的风浪和震天动地的风暴。

PAINTINGS FROM THE METROPOLITAN MUSEUM OF ART

MALDIVES　Rf25

NORTHEASTER　HOMER

125TH ANNIVERSARY 1870-1995

● 马尔代夫1996年4月22日发行一枚邮票小型张，邮票面值25马尔代夫卢比，画面是美国画家霍默（Homer，1836—1910）的画作《海上风暴》。霍默是美国19世纪最伟大的画家，他以其独特的艺术风格描绘变幻无穷而神奇莫测的大自然，记录太阳照射物体的光彩和亮度，并把新鲜的视觉和他奇特的感觉融为一体。

吉里亚特一踏上"多佛尔角"礁石，就发现自己陷入孤寂和厄运的包围之中。千百种威胁在同一时刻向他伸出拳头，风随时准备肆虐，海随时准备咆哮，使吉里亚特单枪匹马的抢救工作面临巨大的困难和危险。他凭借自己惊人的毅力、广博的知识和出众的才能，以及常人难以想象的天赋和创作力，顽强地抢救机器。

礁石就像一个悲惨的刑架，吉里亚特在上面一次又一次地经受着大自然的各种酷刑和凌辱。大自然高兴起来像个慈母，可一任性起来又似残暴的刽子手。他忍受着一切困难和痛苦：没有工具、没有帮手，甚至无地方栖身，无食物果腹……经过两个多月的千辛万苦，终于保住了船上的重要机器。他甚至试图征服力量无比的海潮，利用潮涨潮落的巨大能量把机器从已经解体的船体中放到自己所驾驶的帆船里，成功了！

● 格林纳达格林纳丁斯1998年8月19日发行一套邮票小全张和小型张，纪念国际海洋年。其中第一枚小全张共有十二枚邮票，邮票面值都是75分。其中第一枚，图案为黑背大海鸥（Great black-backed gull）；第二枚，图案为海豚（Common dolphin）；第三枚，图案为海豹（Seal）；第四枚，图案为亚马逊鲶鱼（Amazonian catfish）；第五枚，图案为鲨鱼（Shark）；第六枚，图案为金鱼（Goldfish）；第七枚，图案为蓝波鱼（Cyathopharynx）；第八枚，图案为鲸鱼（Whale）；第九枚，图案为凤凰鱼（Telmatochromis）；第十枚，图案为海蟹（Crab）；第十一枚，图案为章鱼（Octopus）；第十二枚，图案为海龟（Turtle）。

● 澳大利亚1986年6月11日发行一组海洋生物邮票，共有七枚。其中邮票面值70分，画面描绘了海底的蓝纹章鱼（Blue-ringed octopus）。

Blue-eyed Triplefin, Yaldwyn's Triplefin Common Octopus
40c NEW ZEALAND 40c NEW ZEALAND

● 新西兰1996年2月21日发行一枚小本票，共有十枚邮票，邮票面值都是40分，以海洋生物为主题。十枚邮票的图案彼此相连，共同组成一副完整的画面。其中第九枚和第十枚，画面描绘了海底的普通章鱼（Common octopus）。章鱼广泛分布于热带及温带海域，栖于海底的洞穴或缝隙中，常隐匿不出。主要以蟹类及其他甲壳动物为食。章鱼在无脊椎动物中智力最高，又具有高度发达的含色素的细胞，故能极迅速地改变体色，变化之快亦令人惊奇。

　　为了寻找食物，吉里亚特爬入一个礁石的水下岩洞进行探测，发现了海底世界的万般风情：洞壁上仿佛饰着花彩，花朵盛开的野藤巧妙地披挂在空中，悬而不坠。一丛丛奇异的墙草错落有致，别有情趣。忽然又遭到章鱼的袭击：一种又薄、又糙、又扁、又滑、黏糊糊活生生的东西在黑暗里死死缠住了他的身手，使他难以动弹。

Sotong Kurita Octopus
Octopus bimaculatus
Malaysia 2004 50 sen

RÉPUBLIQUE POPULAIRE DU CONGO
100 F POSTES 1977
VICTOR HUGO 1802-1885

● 马来西亚2004年10月9日发行一套邮票，共有三枚，以海洋生物为主题。其中邮票面值50分，画面描绘了Octopus bimaculatus章鱼。

● 民主刚果1977年8月20日发行一套邮票，共有三枚，纪念法国著名作家维克多·雨果。其中邮票面值100中非法郎，图案描绘了雨果晚年的肖像，背景是长篇小说《海上劳工》中的故事情景：年轻水手吉里亚特奋力战胜狂风恶浪、章鱼和暗礁。

EUROPA GUERNSEY 26

● 英国根西岛1997年4月24日发行一套欧罗巴"故事与传说"专题邮票，共有两枚，以雨果的长篇小说《海上劳工》为主题。其中邮票面值26便士，图案描绘了年轻水手吉里亚特在海中与狂风恶浪、章鱼和暗礁搏斗的情景。

　　吉里亚特通过殊死搏斗，用尖刀直插章鱼的头部薄弱部位，侥幸摆脱了险境。他还在洞中意外发现了朗泰伦掠去的七万五千法郎。大海终于平静了，于是，吉里亚特驾船凯旋，可以把机器和财物都归还了船主勒杰利了。晚上，小小的港口已经熟睡，他的小船终于靠岸了。

- 英国泽西岛1981年5月22日发行一套邮票，共有五枚，纪念岛上的煤气灯照明150周年。其中邮票面值7便士，画面描绘了海港星星点点的渔家灯火；邮票面值10便士，画面描绘了街市夜晚的灯光；邮票面值18便士，画面描绘了皇家广场的夜间灯光；邮票面值22便士，画面描绘了街市夜晚的灯光；邮票面值25便士，画面描绘了中心市场的灯光景色。

- 法国2007年发行一套以度假为主题的邮票，共有十枚。其中第一枚邮票面值一等邮资，画面描绘了深夜时分，绿树鲜花掩映下的房舍窗户。

- 比利时1984年9月1日发行一套绘画艺术附捐邮票，共有四枚。其中邮票面值12比利时法郎/附捐3比利时法郎，画面是画家Rene Magritte的画作《灯光（Empire des Lumieres）》，展现了夜深人静时，一盏路灯所描绘的美丽图景：宁静的水面影影绰绰，朦胧的小楼明明暗暗；爱人的窗户时隐时现，心中的思念如梦如幻。

　　吉里亚特悄悄来到船主的花园，置身于树莓丛中，看到了他经常思念的小径、花坛、屋里那个房间的两扇窗户，月光为他描绘了这幻梦一般的图景。但忽然间，吉里亚特看到了令自己心灵震撼的一幕：仿佛天上的精灵下凡，树枝间慢慢出现了一个身影、一条长裙、一张圣洁的面容，在月光下闪着柔和的光芒，那就是戴吕斯特！

这时，又走来一个人，正是吉里亚特不久前从大海中救起的一位青年牧师。他深爱戴吕斯特已久，知道她有晚上散步的习惯，便在此时的花前月下向她倾诉自己的一往情深。戴吕斯特虽然从来没有与这位青年牧师说过话，但一直在心里默默地爱着他。片刻后，沙石小径上这两位有情人的身影渐渐重叠在一起，拥抱在一起。

- 苏联1983年11月10日发行一套绘画艺术邮票，共有五枚，以德国画家的画作为主题。其中邮票面值45戈比，图案是德国画家风景画家弗里德立希（Caspar David Friedrich，1774—1840）的画作《在航海的帆船上》，描绘了一艘白帆船正在向前航行，一对青年男女坐在船头，向远方眺望着海面的落日和绚丽的晚霞。画家在画作中追求那种静穆、概括而纯情的美，令人感到清醒和自然的韵味。画面的构图节奏匀称，色彩明丽热烈，一对情侣在大海的诗情画意气氛中，显得浪漫动人。

- 法属圣皮埃和密克隆群岛2005年2月16日发行一枚绘画艺术邮票，邮票面值0.75欧元，画面描绘了Allumette海岬波浪拍岸的壮丽景色。

- 英国格恩济岛1997年4月24日发行一套欧罗巴"故事与传说"专题邮票，共有两枚，以雨果的长篇小说《海上劳工》为主题。其中邮票面值31便士，图案描绘了吉里亚特发现戴吕斯特所爱之人其实是一位青年牧师，自己怀着痛苦绝望的心情，坐在海礁上目送心上人与牧师远去，他心中难以割舍的戴吕斯特形象在天空中浮现。

● 立陶宛2004年4月10日发行一套欧罗巴专题《假日》邮票，共有两枚，邮票面值都是1.70立特。其中第一枚，画面描绘了傍晚时分的大海，绚丽的晚霞把海面抹上一层金色的余晖，一叶飘零的孤帆正在驶回家乡的海湾。

● 英国根西岛1982年2月2日发行一套邮票，共有四枚，以19世纪的根西岛风光景色版画为主题。其中邮票面值8便士，画面描绘了岛上Jethou海滩景色；邮票面值12便士，画面描绘了Fermain海湾景色；邮票面值22便士，画面描绘了The Terres海边景色；邮票面值25便士，画面描绘了St.Pierre Port海边景色。

● 英国泽西岛1996年6月8日发行一套邮票，共有六枚，以渔船星星点点、沙滩银色一片的海滩旅游为主题。其中邮票面值19便士，画面描绘了North Coast海岸景色；邮票面值23便士，画面描绘了Portelet海湾景色；邮票面值30便士，画面描绘了Greve de Lecp海湾景色；邮票面值35便士，画面描绘了Beauport 海岸景色；邮票面值41便士，画面描绘了Plemont海湾景色；邮票面值60便士，画面描绘了St. Brelade海湾景色。

　　后来，虽然得救的勒杰利船主履行诺言，同意吉里亚特与戴吕斯特结合，然而吉里亚特却主动成全了她与青年牧师的婚事。然后，这对新婚夫妇就要趁"卡什米尔号"海船远行了。

　　吉里亚特孤身一人来到岛上海岬的尽头，坐在一块礁岩上，看着"卡什米尔号"海船从面前驶过。他看到甲板上有一个缀满阳光的角落，那对新婚夫妇正相互偎依着，沐浴在太阳的光辉里。天际一片宁静，从海面吹来的风儿仿佛带来了声息，吉里亚特听见了戴吕斯特那柔美的嗓音："看那儿，岩石上好像有人。"船过去了，"卡什米尔号"将海岬置于身后，在海浪的簇拥下向前驶去。不一会儿，那船桅和白帆便成了海面上一座与天际相交的白色碑塔。这时，渐渐涨起的海水已经漫到吉里亚特的双膝，又涨到了他的腰际，涨到了双肩。而"卡什米尔号"在迅速缩小，渐渐成为一个点，在阳光下闪闪发光。

　　《巴黎圣母院》、《悲惨世界》和《海上劳工》这三部长篇小说都是雨果的传世杰作。在《海上劳工》的序言中，雨果阐述了他写作这三部伟大作品的目的和意义。雨果认为，有三种沉重的枷锁套在人们的脖子上，那便是教会、法律和自然的桎梏。在《巴黎圣母院》里，作者控诉了教会的桎梏；在《悲惨世界》里，作者讨论了法律的桎梏；而在本书《海上劳工》里，作者阐述了自然的桎梏。

ANGUEDOC-ROUSSILLON

FRANCE
POSTES 1977

8

梅里美
《卡门》

邮票上的爱情小说

Youpiaoshang De Aiqingxiaoshuo

普罗斯贝·梅里美（Prosper Mérimée，1803—1870）是法国19世纪小说家，他以独树一帜的文学风格给法国文坛增添了异彩。梅里美出身于书香门第，受到父母艺术修养和处世哲学的深刻影响。1820年进入巴黎大学攻读法律，从事语言研究，并开始对文学产生兴趣，结识了长他24岁的作家司汤达，二人志趣相投，成为好友。大学毕业后他积极投入社交界，认识了夏多布里昂、雨果、缪塞等著名作家，进入浪漫主义文学行列。1825年他以翻译者为托名，发表了处女作《克拉拉·加苏尔戏剧集》获得成功，成为浪漫主义的先声。

● 法国1970年发行一套著名人物附捐邮票，共有六枚。其中邮票面值0.40法郎/附捐0.10法郎，画面描绘了法国作家梅里美的画像，以及他创作小说《卡门》中的著名人物——吉普赛姑娘卡门以及安达卢西亚的名胜古迹，纪念他逝世100周年。

● 邮票首日封和极限片画面描绘了梅里美的画像，他前额舒展，秀发天成。一双俊目深含浪漫诗意，透露离奇故事；两条浓眉彰显男儿气质，蕴藏学识渊博。

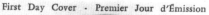

梅里美曾漫游西班牙、英国、意大利、希腊及土耳其等国，广泛接触各阶层民众，了解轶闻趣事，民间风俗，写了大量的游记，同时积累了小说创作的素材。从1829年开始，他创作了许多中、短篇小说，故事精彩，人物形象鲜明。梅里美终身衣食无忧，学识渊博，是法国现实主义文学中鲜有的学者型作家。他文字底蕴深厚，在小说中将瑰丽的异域风光、引人入胜的故事情节和性格不循常规的人物结合起来，形成鲜明的画面，是法国现实主义文学中难得一见的手笔，仅以十几个短篇就奠定了在法国文学史上颇高的地位。梅里美1845年发表的《卡门》（一名《嘉尔曼》）是他的代表作，经法国音乐家比才改编成同名歌剧而取得世界性声誉，"卡门"这一形象亦成为西方文学史上的一个典型。

《卡门》的故事发生在西班牙南部安达卢西亚（Andalucía），是西班牙最南的历史地理区，南临大西洋、直布罗陀海峡和地中海，最南端与非洲仅相隔17海里。从公元711年开始，伊比利亚半岛这片土地又经历了一段伊斯兰教统治的辉煌历史。在长达数世纪的时间里，阿拉伯人给西班牙尤其是安达卢西亚，带来了农业技术、科学和植物学知识，促进了当地诗歌和文化的发展。在很长一段时间里，安达卢西亚科尔多瓦的哈里发国家是欧洲最强盛的国家，而安达卢西亚的名字也正是来源于阿拉伯语的Al-Andalus。

邮票上的爱情小说

● 西班牙1996年10月25日发行一套邮票，共有三枚，以世界遗产（UNESCO）为主题。其中邮票面值60比塞塔，画面描绘了安达卢西亚韦尔瓦De Donana国家公园的一只鹿。

● 西班牙1062—1966年发行多组邮票，邮票面值都是5比塞塔（其中有一枚面值是10比塞塔），共有五十七枚，以各省的省徽为主题。其中包括西班牙南部安达卢西亚8个省的省徽：阿尔梅里亚（Almería）、格拉纳达（Granada）、马拉加（Málaga）、加的斯（Cádiz）、科尔多瓦（Córdoba）、塞维利亚（Sevilla）、哈恩（Jaén）和韦尔瓦（Huelva）。

安达卢西亚沿岸有著名的旅游胜地太阳海岸和卢斯海岸。全区土地肥沃、风景美丽，有许多公元8—15世纪摩尔人统治时代留下的珍贵古迹和遗址。故事的作者有一次正在安达卢西亚山区漫游，来到一处山崖下的空地。泉水在陡峭的岩石脚下翻腾跳跃，径直流进一个小水塘中，池底铺了一层像雪一样白的细沙。池边挺立着五六棵高大的绿橡树，树荫十分浓密。树下有一个黝黑、粗壮的青年大盗，他中等身材，目光阴沉而傲慢，向作者讲述了下面这个关于他和那个女人卡门的悲惨故事。

- 西班牙1964年发行一套风景名胜邮票，共有十枚。其中邮票面值1比塞塔，画面描绘了安达卢西亚科尔多瓦大清真寺的内部建筑。该寺是科尔多瓦最著名的建筑之一，始建于公元785年。后来又几经扩建和改建，先后持续了几百年。

- 安达卢西亚的科尔多瓦大清真寺具有摩尔建筑和西班牙建筑的混合风格，是西班牙伊斯兰教最大的神圣建筑之一。公元前786年前后，占领安达卢西亚地区的摩尔人欲使科尔多瓦成为与东方匹敌的伟大宗教中心，在罗马神庙和西哥特式教堂的遗址上修建了这个清真寺，后经多次扩建。后来西班牙占领了科尔多瓦，于1236年改为天主教大教堂。整个建筑巍峨雄伟，其中近千根石柱，均来自古罗马废墟，融合了多个种族不同建筑风格，它是西班牙历史变迁的最好见证。

- 圭亚那1993年发行一枚邮票小型张，共有八枚邮票，邮票面值都是50圭亚那元。其中第八枚，画面是荷兰画家哈尔斯（Frans Hals，1581—1666）的画作《吉普赛女郎》，现藏巴黎卢浮宫。画中的吉普赛女郎秀发蓬松，身姿微倾，面露单纯开朗的微笑，似乎正在与画外人会心地交谈，洋溢着青春少女活泼奔放、无忧无虑的神采和美丽。哈尔斯的肖像带有风俗画性质，人物形象鲜明，个性突出，善于表现人物的瞬间表情和心理状态。画面气氛热烈，洋溢着乐观主义精神，是欧洲现实主义肖像画发展的高峰。

我的名字叫唐·若瑟，年轻时参加了龙骑

兵，被派到塞维利亚的一个烟草工厂当警卫。有一天，我遇见一个烟厂的女工卡门，她是个吉普赛姑娘，穿着非常短的红裙子，露出的白丝袜上有很多破洞，还有两只小巧精致的红色皮鞋。她把披肩撩开，使她的双肩裸露出来。她嘴里叼着一支金合欢，一边走一边扭着腰肢。她走到我跟前与我搭话，还取下她嘴里衔着的金合欢弹中了我的眉心。先生，这一下如同子弹击中了我！当她进入工厂以后，我看到那支金合欢仍然留在我双脚间的地上。我将花拾起来，像心爱之物似地藏在我的上衣里，这是我干的第一件蠢事！

● 西班牙2006年9月8日发行一套邮票，共有两枚，以名胜古迹为主题。其中邮票面值0.29欧元，画面描绘了安达卢西亚哈恩的Banos de la Encina古代城堡。

● 圣文森特和格林纳达斯1993年4月19日发行一套绘画艺术邮票小全张，共有五枚，纪念巴黎卢浮宫建成200周年。其中第一枚小全张共有邮票八枚，邮票面值都是1东加勒比元，以法国画家籍里柯（Jean Louis Andre Theodore Gericault, 1791—1824）的画作为主题。其中第三枚，画面描绘了一名手牵战马的骑兵。

● 西班牙1967年7月26日发行一套风景名胜邮票，共有七枚。其中邮票面值2.50比塞塔，画面描绘了安达卢西亚韦尔瓦的哥伦布纪念碑；邮票面值6比塞塔，画面描绘了安达卢西亚加的斯教堂的建筑风采。

● 西班牙1977年6月24日发行一套风景名胜邮票，共有六枚。其中邮票面值3比塞塔，画面描绘了安达卢西亚哈恩大教堂的建筑景观。

● 西班牙1974年7月17日发行一套军队制服邮票，共有五枚。其中邮票面值1比塞塔，画面描绘了1705年的西班牙轻骑兵和战马；邮票面值2比塞塔，画面描绘了1710年的西班牙炮兵军官；邮票面值3比塞塔，画面描绘了1734年的西班牙军队笛手和鼓手；邮票面值7比塞塔，画面描绘了1737年的西班牙骑兵和战马；邮票面值8比塞塔，画面描绘了1739年的西班牙步兵。

● 法国1992年12月5日发行一枚邮票，邮票面值2.50法郎，以吉普赛文化为主题。邮票和极限片画面描绘了吉普赛人的服饰、乐器、舞蹈、马戏等绚丽多姿的文化元素。

　　后来，她因与烟厂女工打架而要被带去监狱，在押解的路上她不断用花言巧语哄骗我，我居然完全相信，真是鬼迷心窍。当时我准时昏了头，竟然在一个窄巷口帮她逃跑了。同伴们为了推脱罪责而告发了我。为此，我被革职蹲了一个月监狱，永别了我的排长肩章。

- 西班牙1967—1971年发行多组邮票，邮票面值都是6比塞塔（其中有一枚面值是10比塞塔），共有五十三枚，以西班牙各地的妇女民族服饰为主题。其中包括西班牙南部安达卢西亚8个省的妇女服饰：阿尔梅里亚（Almería）、格拉纳达（Granada）、马拉加（Málaga）、加的斯（Cádiz）、科尔多瓦（Córdoba）、塞维利亚（Sevilla）、哈恩（Jaén）和韦尔瓦（Huelva）。

- 西班牙人的民族传统服饰，与其宗教、舞蹈和斗牛等有着密切的关系。安达卢西亚女子常喜欢形式夸张、色彩艳丽的短式女裙，个性鲜明，热情奔放，在舞蹈中适合快速急转。这些民族服饰不仅舞蹈时喜欢穿，平日也喜欢穿。

- 西班牙1983年2月28日发行一枚邮票，邮票面值14比塞塔，纪念安达卢西亚实现自治（Andalusia Autonomy Statute）。邮票和极限片画面描绘了旭日初升，安达卢西亚高山蜿蜒、丘陵起伏，田园阡陌、土地肥沃的美丽景象。

出狱后，我在跳罗曼里舞的吉普赛人里又见到了卡门，这次我真正爱上了她。下班后，我和她一起去逛街，买了很多好吃的东西。然后，她把我带到一幢老房子，跑过来搂住我的脖子说："我是在还我债！这是我们的规矩！"这一天！——我一想起这一天就忘记还有第二天了。第二天早上；她说："你让我喜欢，所以我才这样做，现在咱们两清了。"说完就转身走了。我若是明智的话，最好还是就此忘掉她。但是自从那天以后，我就再也不想其他的什么了。我成天漫无目的地逛游，希望能碰到她。

有一天晚上，我在城墙缺口处值班，又遇见了她。她要我让她的走私同伙通过，我要她答应再次相会。第二天，她心情很不高兴："我不喜欢那些对人要求的人，"她说，"我已不再爱你了。这一块钱是你的报酬，你滚吧。"我忍住怒火走了出去，在教堂的角落痛苦了很久，忽然她又来了。"好吧，同乡，我还是爱上了你，虽然我不愿这样，因为自你离开后，我总觉得少了点什么。"卡门的脾气就像故乡的天气晴雨难测，就这样给我安排了新的生涯。

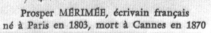

● 法国1970年发行法国作家梅里美纪念邮票的首日封，其图案描绘了梅里美著名小说《卡门》中的情景。

● 圣文森特和格林纳达斯1996年2月1日发行四枚邮票小全张和四枚小型张，纪念大都会美术馆建馆125周年。其中第四枚小全张共有九枚邮票，邮票面值都是1.10东加勒比元。其中第六枚，画面是画家委拉斯开兹（Velázquez,1599—1660）画作，描绘了一名身佩刀剑，骑着白马的西班牙武士。画家是西班牙最伟大的肖像画大师。

当时我觉得这种冒险和叛道的生涯把我和她更密切地联系在一起，她对我的爱情也会专一起来。但卡门实际上已经结了婚，有一晚，卡门当着我的面吻她的丈夫加西亚·罗姆，而等他一回过头，她却又跟我使眼色，做鬼脸。有一次走私运货时，我们遭到龙骑兵的猛烈进攻，加西亚竟然开枪，把一个受伤的同伴打死了。第二天卡门扮成一个体面的太太到直布罗陀做生意去了，我装成卖水果的走在街上，看见穿着华贵的卡门站在一个富豪的英国军官身边。我恨她，可是约会的鼓声一响，我又忍不住依约来到她的房内。她搂着我，猴子般欢跃。我们继续走私，不得已才拦路打劫。

● 西班牙1960年发行一套以"斗牛"为主题的邮票，共有十二枚。其中邮票面值15分，画面描绘了著名的Lidian公牛；邮票面值20分，画面描绘了斗牛士围捕公牛的情景；邮票面值25分，画面描绘了斗牛士与公牛一起飞奔的情景；邮票面值30分，画面描绘了公牛进入斗牛场的瞬间情景；邮票面值50分，画面描绘了斗牛士用披肩斗牛的情景；邮票面值70分，画面描绘了斗牛士手执花镖斗牛的情景；邮票面值80分、1比塞塔，1.40比塞塔和1.50比塞塔，画面描绘了斗牛士手持利剑斗牛的情景；邮票面值1.80比塞塔，画面描绘了骑在马上的斗牛士手执花镖斗牛的情景；邮票面值5比塞塔，画面描绘了19世纪的西班牙斗牛士。

西班牙1960年2月29日发行一套以"斗牛"为主题的航空邮票，共有四枚。邮票面值25分，画面描绘了小镇上的斗牛场；邮票面值50分，画面描绘了斗牛士采用披风斗牛的情景；邮票面值1比塞塔，画面描绘了斗牛士祭献公牛的情景；邮票面值5比塞塔，画面描绘了规模宏大的斗牛场。

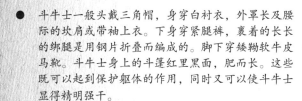

斗牛士一般头戴三角帽，身穿白衬衣，外罩长及腰际的坎肩或带袖上衣。下身穿紧腿裤，裹着的长长的绑腿是用钢片折叠而编成的。脚下穿矮勒软牛皮马靴。斗牛士身上的斗篷红里黑面，肥而长。这些既可以起到保护躯体的作用，同时又可以使斗牛士显得精明强干。

西班牙1984年7月5日发行一枚邮票，邮票面值17比塞塔，纪念潘普洛纳的圣佛明狂欢节（Feast of San Fermin of Pamplona），画面描绘了人们把牛从城外赶至城内举行斗牛活动的情景。

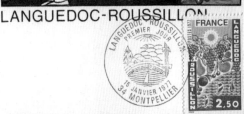

法国1977年1月15日发行一枚各地风情邮票，邮票面值2.50法郎，邮票和极限片画面描绘了法国东南部朗格多克-鲁西永（Languedoc - Roussillon）地区，斗牛的场景、苍凉的古堡、丰富的海鲜以及美味的葡萄等。

　　格拉纳达的时候，那儿举办了几场斗牛比赛，卡门也跑去看了。她回来时口若悬河地提起一名勇敢的斗牛士，名叫卢卡斯。她打听到他的马叫什么，也打听到他那件绣花上衣值多少钱。几天后，一直跟着我的那个伙伴对我说，他看见卡门和卢克斯在一起。我这才开始担心了。后来，我发现她瞒着我去科尔多瓦看卢卡斯的斗牛比赛，我立即像疯了一样，出发赶到了斗牛场。果然，第一头牛刚上场，卢卡斯就想赢得她的欢心。他从牛身上把花结摘下来送给卡门，她立刻将它别在头上。不想那头牛替我出了口气：它撞到了卢卡斯，还从他身上踩踏过去。

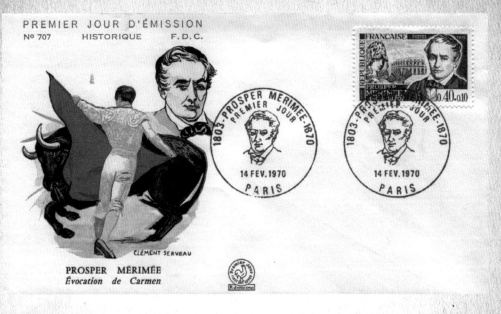

那天卡门到凌晨两点钟才回来，我提出要她和我一起去美洲生活，但是她口气坚决地拒绝了。她说："何塞，你要求我的是根本做不到的事。我已经不爱你了，而你却仍然爱着我，因此你才想杀了我。我还可以再对你说一大堆花言巧语，但我眼下不想那么做，我们之间的一切全部结束了，可卡门永远都是自由的。"

我跪在她面前，抓着她的手，在上面落满了眼泪。我让她回忆我们以前一起度过的美好时光。为了赢得她的欢心，我向她提议我宁愿再做强盗。所有的一切，我都愿意献给她，只要她爱我！"最后一次，"我大声说，"你愿意跟我在一起吗？""不！不！不！"她跺着脚说。我砍了两刀下去。直到现在我还好像看见她那对黑色的大眼睛直瞪着我。可怜的姑娘！那个隐修士会为她的灵魂祈祷的……

● 匈牙利1967年9月26日发行一套邮票，共有八枚，以著名歌剧为主题。其中邮票面值80菲勒，画面描绘了比才的歌剧《卡门》在舞台演出的情景。

● 罗马尼亚1963年1月20日发行一套歌剧艺术邮票，共有九枚。其中邮票面值20巴尼，画面描绘了罗马尼亚优秀女演员Elena tiodorini，她在比才的歌剧《卡门》中扮演女主角卡门。

CENTENAIRE DE LA CRÉATION DE CARMEN

1875　1975

● 摩纳哥1975年5月13日发行一套歌剧艺术邮票，共有四枚，纪念著名歌剧《卡门》首演100周年。其中邮票面值0.30法郎，画面描绘了剧中吉普赛姑娘卡门在小酒馆的演出场面；邮票面值0.60法郎，画面描绘了序曲的演出情景；邮票面值0.80法郎，画面描绘了吉普赛姑娘卡门在走私者藏身地的演出情景；邮票面值1.40法郎，画面描绘了斗牛场入口处，吉普赛姑娘卡门和斗牛士在一起的演出情景。首日卡画面描绘了身穿鲜艳民族服装的吉普赛姑娘卡门。

　　歌剧《卡门》是法国作曲家比才的最后一部歌剧，完成于1874年秋，也是当今世界上演出率最高的一部歌剧。四幕歌剧《卡门》主要塑造了一个相貌美丽而性格倔强的吉普赛姑娘卡门，她使军人班长唐·豪塞堕入情网，并舍弃了他原先的情人、温柔而善良的米卡爱拉。后来唐·豪塞因为放走了与女工们打架的卡门而被捕入狱，出狱后他又加入了卡门所在的走私贩的行列。后来，卡门爱上了斗牛士埃斯卡米里奥，在卡门为他斗牛胜利而欢呼时，她却死在了唐·豪塞的匕首下。本剧以女工、士兵和普通民众为主人公，在当

时的歌剧作品中十分罕见。但随着时间的推移，这部作品的艺术价值逐渐得到人们的认可，并且长盛不衰。

● 圣马力诺1999年2月12日发行一套邮票，共有十六枚，邮票面值都是800里拉，纪念该国歌剧艺术400周年。其中第十枚，画面描绘了比才的画像，以及他的著名歌剧《卡门》。

● 乌拉圭2000年7月20日发行一套邮票，共有两枚，邮票面值都是9乌拉圭新比索，以著名歌剧为主题。其中第一枚，纪念法国作曲家比才的著名歌剧《卡门》问世125周年。画面描绘了比才的画像，以及歌剧《卡门》在舞台上演出，性格倔强的吉普赛姑娘卡门充满魅力，龙骑兵唐·豪塞坠入情网的情景。

● 奥地利1969年5月23日发行一套邮票，共有八枚，纪念维也纳歌剧院100周年。其中第六枚邮票面值2先令，画面描绘了比才的歌剧《卡门》在舞台演出的情景。首日封画面描绘了法国作曲家的画像。

CUBA CORREOS 1976 13

Carmen

V Festival Internacional de Ballet

● 古巴1976年11月6日发行一套芭蕾艺术邮票，共有六枚，纪念在古巴哈瓦那举行的第五届国际芭蕾舞节。其中邮票面值13分，画面描绘了芭蕾舞剧《卡门》的演出情景。

　　歌剧的序曲为A大调，回旋曲式。整部序曲建立在具有尖锐对比的形象之上，以华丽、紧凑、引人入胜的音乐来表现这部歌剧的主要内容。序曲中集中了歌剧内最主要的一些旋律，而且使用明暗对比的效果将歌剧的内容充分地表现了出来，成为音乐会上经常单独演奏的曲目，脍炙人口。第一幕中卡门著名的咏叹调《爱情像一只自由的小鸟》，充分表现出卡门豪爽、奔放而富有神秘魅力的形象。卡门被逮捕后，龙骑兵中尉亲自审问她，可她却漫不经心地哼起了这支小调，形象地表现出卡门放荡不羁的性格。剧中的卡门在引诱唐·豪塞时，唱出一首西班牙舞蹈节奏的迷人曲子，旋律热情而又有几分野气，进一步刻画了卡门性格中的直率和泼辣。

　　第二幕中著名的《斗牛士之歌》，是埃斯卡米里奥为感谢欢迎和崇拜他的民众而唱的一首歌曲。这首节奏有力、声音雄壮的凯旋进行曲，成功地塑造了这位勇敢斗牛士的高大形象。第四幕结尾时，还有一段脍炙人口的西班牙风格舞曲"阿拉贡"，也是音乐会上经常单独演出的曲目。

PATRIMONIO MUNDIAL
DE LA HUMANIDAD

SLOVENSK

2005

Sk

9

9

乔治·桑

《安吉堡的磨工》

邮票上的爱情小说

Youpiaoshang De Aiqingxiaoshuo

乔治·桑（1804—1876）是法国19世纪最具风情的浪漫主义女作家。雨果曾评价说："她在我们这个时代具有独一无二的地位。特别是，其他伟人都是男子，惟独她是女性。" 乔治·桑本名奥罗尔·杜邦，出身巴黎的贵族家庭，在诺昂乡村由祖母抚养长大。祖母曾是卢梭的熟人和崇拜者，所以她从小就阅读大量启蒙名著，深受影响。

- 圣文森特和格拉纳达2010年发行一枚邮票小全张，共有四枚邮票，邮票面值都是2.50东加勒比元，纪念波兰著名钢琴家弗里德里克·弗朗索瓦·肖邦（1810—1849）诞生200周年。其中第一枚，画面是法国女作家乔治·桑的画像，由她的好友、法国著名画家德拉克罗瓦所画。

- 法国2004年3月20日发行一枚邮票，邮票面值0.50欧元，纪念法国著名女作家乔治·桑诞生200周年。邮票画面描绘了乔治·桑的画像，以及位于法国诺昂的乔治·桑故居。她长发披肩，散发浪漫风韵；双眉舒展，渗透大家底蕴；美目闪现一江春波，折射人生诗情画意；秀容荡漾几汪秋水，辉映小说清丽流畅。

- 格拉纳达2010年发行一枚邮票小全张，共有四枚邮票，邮票面值都是2.50东加勒比元，纪念波兰著名钢琴家弗里德里克·弗朗索瓦·肖邦（1810—1849）诞生200周年。其中第二枚，画面是法国女作家乔治·桑的画像。

乔治·桑13岁进修道院，16岁成为全面发展的女才子。她吟诗、作文、弹琴、唱歌、画画、跳舞、骑马、打猎，无不精通。祖母去世后，年仅17岁的她继承了大笔遗产，18岁时与平庸的杜德旺男爵结婚，因为情趣不一，深感苦闷。1831年乔治·桑带着子女离开丈夫，去巴黎独自生活，想以创作来取得人身和精神的自由。为了表示独立不羁，她穿起男装，抽起烟斗。青年作家于勒·桑多成了她的情人，她开始以表明二人合作的笔名乔治·桑走上文学生涯。次年，她发表了《印第安纳》，此书使她一举成名。

● 圣文森特和格拉纳达2010年发行一枚邮票小全张，共有四枚邮票，邮票面值都是2.50东加勒比元，纪念波兰著名钢琴家弗里德里克·弗朗索瓦·肖邦诞生200周年。其中第一枚，画面是法国著名画家德拉克罗瓦所画的乔治·桑画像；第二枚，画面是肖邦的头部塑像；第三枚，画面是肖邦的画像；第四枚，画面是肖邦弹钢琴的手。

● 葡萄牙2010年发行一枚邮票小型张，邮票面值2.00欧元，纪念肖邦诞生200周年。小型张画面描绘了肖邦正在弹奏钢琴的情景。

● 肖邦是著名的波兰作曲家和钢琴家，从小就表现出非凡的艺术天赋，是历史上最具影响力和最受欢迎的钢琴作曲家之一，是欧洲十九世纪浪漫主义音乐的代表人物，被誉为"钢琴诗人"。

　　乔治·桑是一位多产作家，她一生写了244部作品，100卷以上的文艺作品，20卷的回忆录《我的一生》以及大量书简和政论文章。其中《安吉堡的磨工》是她文学成就最高的代表作之一。她的诸多小说以本人的感情生活为基础，表达对爱情的感受和观点，她认为，爱情就是生命，是人们至高无上的权利和义务，爱情应该克服一切偏见和习俗，摆脱一切羁绊和束缚。桑在生活中也身体力行这种爱情至上的浪漫主义观点。1833年，她与于勒分手，又同富有才华的青年诗人缪塞相恋两年，同游意大利。1835年，乔治·桑与丈夫离婚。1836年与著名音乐家肖邦相爱，达八年之久。

● 法国1999年10月17日与波兰联合发行一枚邮票，邮票面值3.80法郎/1.40兹罗提，纪念波兰著名钢琴家肖邦逝世150周年。邮票画面描绘了肖邦的侧面画像，以及他的故居建筑。首日卡邮戳描绘了肖邦最喜爱的钢琴图案。

● 格拉纳达2010年发行一枚邮票小全张，共有四枚邮票，邮票面值都是2.50东加勒比元，纪念波兰著名钢琴家弗里德里克·弗朗索瓦·肖邦（1810—1849）诞生200周年。其中第一枚和小型张边纸画面描绘了肖邦的侧面画像；第二枚，画面描绘了肖邦的女友、法国女作家乔治·桑的画像；第三枚，画面描绘了肖邦的画像；第四枚，画面描绘了肖邦的出生地。

乔治·桑的感情和社交生活丰富多彩，她的身边总是围绕着一批社会名流：诗人缪塞、音乐家肖邦和李斯特、文学家福楼拜、梅里美、屠格涅夫、小仲马和巴尔扎克、画家德拉克洛瓦……甚至还包括拿破仑的小弟弟热罗姆·波拿巴亲王。他们中的许多人，成为她庞大的情人队伍中的一员。诺安镇乔治·桑庄园这个"艺术家之家"终日高朋满座，"谈笑有鸿儒，往来无白丁"。她与大文学家缪塞的艳事、与音乐大师肖邦十多年的同居生活，成为法兰西19世纪的美谈之一，并留下了一篇篇揭示她内心深处情感世界奥秘的情书佳作。

- 法国1951年6月2日发行一套附捐邮票，共有六枚，以著名人物为主题。其中邮票面值8法郎/附捐2法郎，画面描绘了法国著名画家德拉克洛瓦的画像。他的作品充满浪漫主义风格，善于把抽象的冥想和寓意变成艺术形象，其表达感情的深度与力量，以及在描绘运动的激烈和气势方面，很少有人能与之相比。

- 阿尔巴尼亚1988年3月10日发行一套邮票，共有两枚，以著名人物为主题。其中邮票面值1.20列克，画面描绘了法国著名画家德拉克洛瓦的画像。

- 法国著名画家欧仁·德拉克罗瓦（Eugène Delacroix，1798—1863），是浪漫主义画派的典型代表，继承和发展了文艺复兴以来欧洲各艺术流派的成就和传统。他1830年完成的著名画作《自由引导人民》，是其最具特色的代表作，与浪漫主义作家维克多·雨果的名作《悲惨世界》相呼应。这幅画曾被印入法国政府发行的100法郎的钞票和法国以及多个国家发行的邮票上。

- 卢森堡2011年9月27日发行一枚邮票，邮票面值0.85欧元，纪念弗朗茨·李斯特（Franz Liszt）诞生200周年。图案描绘了李斯特年轻时的肖像。他是著名的匈牙利作曲家、钢琴家、指挥家，伟大的浪漫音乐主义大师。

- 摩纳哥2011年发行一枚邮票，邮票面值1.00欧元，纪念李斯特诞生200周年。图案采用雕刻版印制，细致入微地描绘了李斯特的肖像，以及他正在演奏钢琴的情景，堪称李斯特纪念邮票中的精致作品。

　　乔治·桑后来退隐乡间，以无邪静谧的田园情趣为题材，写下了几部田园小说，发掘人性中高贵与美好的一面。乔治·桑晚年平静，慷慨好客，与作家圣勃夫、米什莱、福楼拜、小仲马频繁接触。她的作品文字清丽流畅，描绘细腻，风格委婉亲切，具有强烈的感染力。

　　《安吉堡的磨工》的故事发生在巴黎布朗西蒙侯爵府邸，由于丈夫去世，娇小美丽的玛赛尔·布朗西蒙侯爵夫人得以从无奈和欺骗的婚姻中解脱。她的情人名亨利·列莫尔，是一个聪明、文雅、有着高尚的社会理想的年轻人。但他不愿做一个有钱女人的丈夫，玛赛尔的表白和苦劝也未能改变他的决定，双方流着泪痛苦地分手了。玛赛尔回到卧室后彻夜未眠，她认真反省自己的生活，思考着未来的道路。天亮时，她做出了一个大胆的决定：离开巴黎，到外省的乡村中去生活。她有一份祖上传下来的产业：布朗西蒙庄园和堡寨，一直由丈夫经营。她要去那里处理遗留的财产和债务，更重要的是去寻找一种新的生活方式。

● 法国2003年9月20日发行《各地生活风情》系列第二枚小全张，共有十枚邮票，面值都是0.50欧元。其中第二枚和第九枚，画面描绘了法国富有特色的乡间民居建筑。

● 苏联1973年发行的绘画明信片，画面是俄罗斯画家朱利叶斯·谢尔盖·冯（1850—1924）的作品《秋天的早上》，描绘了乡间的田野、村居和小路。

● 法国1983年10月8日发行一枚邮票，邮票面值2.00法郎，邮票和极限片画面描绘了法国西部夏朗德（Charente）河畔的雅尔纳克（Jarnac）小镇：小河弯弯曲曲，流水涓涓潺潺；房舍隐隐约约，绿树郁郁葱葱；远眺田园阡陌，近闻酒香阵阵。

　　在去布朗西蒙庄园的路上，玛赛尔一行迷了路，恰好遇见一个年轻的磨坊工人格南·路易，他身材高大魁梧，长发弯弯卷卷、眼睛又大又亮、牙齿雪白发光，显得仪表堂堂、落落大方。他见天色已晚，便真诚地邀请玛赛尔一行去他的安吉堡磨坊过夜，那地方就在布朗西蒙庄园的附近。他们一行走了一个钟头以后，就听到安吉堡磨坊水闸的声音了，此时淡淡的月光正照在盖着葡萄藤的磨坊屋顶，还把薄荷和青草的小溪两岸镀成银色。第二天一早，雄鸡便啼叫起来，水磨嘎嘎的转动声也响起来。玛赛尔走出小屋，发现磨坊周围有一片美丽白杨树林，芳草青青，流水潺潺。小溪不过十步那样宽阔，流到磨坊时汇集成一个很大的池塘，澄静而幽深，平滑得像一面镜子，倒映出长了青苔的屋顶和池边古老苍劲的柳树，令玛赛尔欣喜不已。

● 德国1997年10月9日发行一套"磨坊"附捐邮票，共有五枚。邮票图案精雕细琢，美丽高雅，把各类磨坊的外观特征与德国各地景色秀美的田园风光背景融合一体，是磨坊类邮票中的精品佳作。其中邮票面值100芬

尼/附捐50芬尼，黑森林磨坊；邮票面值110芬尼/附捐50芬尼，Hessa磨坊。

玛赛尔走进小溪旁的树林，里面密密地盖满了茂盛的植物。在雨季，这条小溪便要大肆蹂躏这一片土地。榛树、山毛榉和高大的柳树有一半都倾倒了，它们巨大的树根从湿砂里裸露了出来，好像互相纠缠的水蛇一样。这条河分出若干细流，把平原划分为许多块植物繁茂的地区，地上是带着雨露的芳草，高处是枝叶交叉的荆棘和各式各样的野生植物。这些枝繁叶茂的树林、奇形怪状的岩石、大大小小的水塘、叮当作响的山泉以及长满苔藓的木桩好像是一幅浑然天成的美丽风景。

● 瑞士2002年5月15日发行一套附捐邮票，共有四枚，以水车磨坊为主题。其中第一枚邮票面值70瑞士分/35瑞士分，画面描绘了依山而建的Oberdorf磨坊；第二枚邮票面值70瑞士分/35瑞士分，画面描绘了白墙青瓦的Bruzella磨坊；第三枚邮票面值90瑞士分/40瑞士分，画面描绘了建筑别致的Lussery-Villars磨坊；第四枚邮票面值90瑞士分/40瑞士分，画面描绘了绿树掩映的Büren an der Aare小型磨坊。

● 匈牙利1989年6月20日发行一套"古老磨坊"邮票，共有四枚，邮票图案描绘了匈牙利各地的历史著名磨坊。其中邮票面值2福林，画面是Turistvandi的水车磨坊；邮票面值3福林，画面是Szarvsa的马拉磨坊；邮票面值5福林，画面是Kiskunhalas的18世纪风车磨坊；邮票面值10福林，画面是the Drava河的水轮车和磨坊。

　　玛赛尔深深喜爱上了这座安吉堡磨坊，并与磨工路易的母亲建立起亲密的友谊。这位母亲对她说，儿子路易表面上无忧无虑，内心深处却在为无望的爱情而苦恼。他爱上了一个富农布芮可南的小女儿——罗斯小姐，这对年轻人从小青梅竹马、一起长大，但她的父母是绝不会把她嫁给一个贫穷磨工的。

● 苏联1962年发行的明信片，画面是俄罗斯画家尼古拉·彼得罗维奇（1884—1958）创作于1910年的画作《磨坊风景》，远望树林青枝绿叶，近闻小河流水音韵。水面映出蓝天白云，磨坊偶露木屋尖顶。四处无人空留寂静，浑然天成美丽风景。该画现收藏于俄罗斯布罗德斯基博物馆。

● 刚果（布）1976年3月20日发行一套绘画艺术航空邮票，共有四枚。其中邮票面值60中非法郎，邮票和极限片画面是法国画家路易·勒南（Louis Le Nain）的画作《农民一家》（Peasant Family），描绘了贫困农民一家用餐后的情景。画面中央的老农终年劳累在田野，脸上显得苍老和粗犷；左侧的老妇为温饱家计昼夜操劳；衣衫破旧的孩子光着双脚，营养不良；地上的锅子和篮子空空如也。整个画面气氛压抑，显示了当时法国农村的困苦景象。画家以深切的人文关怀描绘17世纪的法国农民生活。其作品以高超的作画技巧和对光线及色彩的巧妙运用而著称。

● 摩纳哥1974年11月12日发行一枚绘画艺术邮票，邮票面值2.00法郎，画面是法国印象派画家卡米耶·毕沙罗（Camille Pissarro，1830—1903）的著名画作《村口》。毕沙罗认为，画家应从自然界最美的景色中去构图。画中采用橄榄色、橙色和紫红色作对比性描绘，用笔轻捷，构图和谐，视野开阔，景物的体积感很强。毕沙罗的生活虽然充满艰辛，但他没有怨天尤人，却在其中努力发掘诗意之美和快乐之光，他曾说："一切事物都有美，问题在于怎样把它表现出来。"

● 法国1974年11月9日发行一枚绘画艺术邮票，邮票面值2.00法郎，画面是法国印象派画家阿尔弗莱德·西斯莱（Alfred Sisley，1839—1899）的著名画作《洛因水渠》。画家在画面中热情讴歌法国乡村的美丽景色：蓝天上云层的涌动呈现出丰富的层次，水渠中的水流静静流淌，映出岸边树林和小屋的倒影。景物在阳光照耀下的色彩变化表现得富有生机，渗透出强烈的艺术感染力。

● 塞浦路斯1996年9月23日发行一套以塞浦路斯磨坊为主题的邮票，共有四枚。邮票面值10塞镑，画面描绘了水车磨坊；邮票面值15塞镑，画面描绘了Olive磨坊；邮票面值20塞镑，画面描绘了风车磨坊；邮票面值25塞镑，画面描绘了手工磨坊。

● 加纳1991年8月12日发行一套绘画艺术邮票，共有8枚邮票，以荷兰画家梵高（Vincent Willem van Gogh，1853—1890）的画作为主题。其中邮票面值80塞地，画面是画作《剪切羊毛的农人》；邮票面值100塞地，画面是画作《铡切干草的农妇》；邮票面值200塞地，画面是画作《播种麦子的农人》。画家是荷兰后印象派画家，表现主义的先驱，并深深影响了20世纪艺术。梵高的作品现已跻身于全球最著名、广为人知与珍贵的艺术作品的行列。

● 加纳1991年8月12日发行两枚绘画艺术邮票小型张，邮票面值都是800塞地，以荷兰画家梵高的画作为主题。其中第一枚，画面是画作《夜晚时分》。

第二天，在磨工路易的护送下，玛赛尔一行终于抵达了自家的布朗西蒙庄园。但这古老的堡寨已破败不堪，而邻居正是富农布芮可南，他正在大兴土木，蒸蒸

日上。布芮可南告诉玛赛尔，她实际上已经破产了，因为她丈夫生前以她的名义多次预支了大额的租金，使庄园入不敷出。如果她要想还债付息，他可以付二十五万法郎买下庄园。磨工路易则劝玛赛尔通过公证人处理财产和债务问题。玛赛尔请路易帮她寄一封信给亨利·列莫尔，在信中，她平静而带有几分欣喜地告诉列莫尔：她自己破产了了，他们之间已经不存在门第、财产的障碍，她盼望着幸福的重逢。路易进城发信，意外地巧遇亨利，在路易的热心安排下，玛赛尔和列莫尔这两个有情人终于团聚了。

- 法国2002年1月18日发行一枚情人节邮票小型张，共有五枚图案相同的邮票，邮票面值0.46欧元。邮票图案是一幅摄影照片，展现了由树林组成的巨大心形图案，镶嵌在大自然郁郁葱葱的绿色原野上。小型张边纸图案描绘了法国园林、海滨、沙丘和农田的风光景色，边纸上方是"我爱我的土地"的法文字样。

- 美国1995年2月1日发行一枚情人节邮票，邮票面值32美分。画面是文艺复兴大师拉斐尔所画《西斯廷圣母像》中的小天使。

- 波兰1996年1月31日发行一枚邮票，邮票面值40格罗希，以爱情为主题。画面上描绘了两只并蒂的红樱桃，寓意爱情。图案下方是"我爱你"的波兰文字样。

177

- 保加利亚1987年9月15日发行一套绘画艺术邮票，共有六枚，以索菲亚城市艺术画廊的藏画为主题。其中邮票面值5斯托丁基，画面是画家Stefan Ivanov的画作《女孩肖像》。

- 苏联1984年11月20日发行一套绘画艺术邮票，共有五枚，以法国画家的作品为主题。其中邮票面值4戈比，画面是法国画家让·路易·沃依莱（Jean Louis Voille，1744—1803）的画作《戴草帽的少女》。这幅画画法细腻精致，运笔流畅，具有感人的洛可可风格：姑娘的表情秀美淳朴，头戴的草帽系着花结，身穿的内衣绣着花边，层次丰富，色彩柔和，栩栩如生。此画现藏于俄罗斯圣彼得堡的埃尔米塔日博物馆。

- 斯洛文尼亚2007年发行一枚情人节心形邮票，邮票面值0.24欧元，画面描绘了一对情人拉着双手翩翩起舞，他们双目对视，含情脉脉，舞步轻盈，舞姿飘逸，仿佛脚下就是天空和白云。

- 巴拉圭1969年11月29日发行一套绘画邮票，共有九枚，以西班牙画家戈雅的画作为主题。其中邮票面值15瓜拉尼，画面描绘了一名清纯秀丽的少女，一双水汪汪的黑眼睛特别漂亮。

● 法国1981年5月4日发行一套
"民俗和民间传说"欧罗巴
专题邮票，共有两枚。邮票
面值1.40法郎，邮票和极限片
图案描绘了法国Bouree的民间
舞蹈。邮票面值2.00法郎，邮
票和极限片图案描绘了法国
Sardane的民间舞蹈。

　　在农庄节庆的前夜，
农庄上跳舞的兴致达到了高
潮，罗斯跳着轻快的舞步，
和乡下其他的姑娘跳的一样
的好，把欢乐传染给在场的
每一个人。乐队的人们喝得
醉醺醺以后，更不吝啬他们
的腕力和喉咙。半明半暗的
美丽夏夜使那些乡村姑娘更
显得轻盈娇艳，特别是罗
斯，这个迷人的姑娘好像一
只白鸥在宁静的湖面掠过，
就像晚来的微风把她吹起一
般。当她和高个子磨工路易
开始跳起舞来的时候，他们

成为最美丽的一对。他们稳重而轻松的步伐，把大家的眼睛都吸引住了。

● 菲律宾2006年2月8日发行一套情人节邮票，共有两枚，邮票
面值都是7菲律宾比索。其中第一枚，画面描绘了手持鲜花
的小天使，图案下方是"我爱你"的英文字样；第二枚，
画面描绘了手持情书的小天使，图案下方是"情人节快
乐"的英文字样。

● 斯洛伐克2005年1月31日发行一
枚情人节邮票，邮票面值9斯
洛伐克克朗。画面描绘了长着
翅膀的爱神丘比特，手拿爱情
弓箭的情景。

● 美国1988年10月
22日发行一套礼仪
问候邮票，共有
四枚，邮票面值都
是25美分。其中第
四枚，邮票画面描
绘了爱情小鸟与邮
箱，以及"我爱
你"的英文字样。
极限片画面描绘了
有情人和鲜花。

● 苏联1978年发行的明信片，画面是俄罗斯画家小大卫·特尼尔斯（1610—1690）的油画作品《村
宴》，描绘了风景如画的乡村景象：明媚的阳光洒落在小小的村落，村里的教堂矗立着高高的尖
塔。屋前树旁的空地一片欢乐，农家男女的舞蹈兴致正浓。此画现收藏于列宁格勒冬宫博物馆。

　　第二天正是农庄的节庆，罗斯接受了青年磨工路易的邀请，两人一起走到了舞
场的中心。他们都暂时忘却了爱情的不安和愁苦，轻轻地擦着草坪跳起舞来，他们
把手握得比平常跳轻快舞所需要的那样还要紧一些。可是这场令人沉醉的轻快舞还
没有结束，罗斯的父亲布芮可南先生粗暴地冲进跳舞的人群中去，制止他们俩继续

跳下去，并当众羞辱了路易。

回到家中，布芮可南父女之间爆发了激烈的争吵，罗斯受到强烈的刺激跌倒在地板上，昏厥得像死人一样。医生为她诊治后郑重地对布芮可南说，罗斯的体质与她姐姐很类似，如果受到精神方面的打击也有可能诱发疯病。玛赛尔望着善良美丽的罗斯，真不敢想象她也会变成目光呆滞、破衣烂衫的疯女。她决定尽自己的力量成全他们。

● 奥地利1961年6月12日发行一套绘画艺术邮票，共有四枚。其中邮票面值1.50奥地利先令，奥地利画家August von pettenkofen的著名画作《亲吻》。

● 苏联发行的明信片，画面是画家娜伊达的水粉画作品《法国农民》，描绘了一位衣帽简朴、身材壮实，蓄着八字胡须，面色红润健康，举止热情大方，眼神透出精明的法国农民大伯。

玛赛尔约布芮可南谈话，通知他可以按照他提出的二十五万法郎低价出售自己的产业，但要附加一个条件：布芮可南必须同意把女儿罗斯许配给磨工路易，以免造成罗斯终身的不幸。玛赛尔牺牲自己利益以利他人的行为，让布芮可南难以理解。他在玛赛尔拟定的契约上签了字，很不情愿地付出二十五万法郎现款。当夜发生了一场大火，造成布朗西蒙庄园五万法郎的损失，布芮可南痛不欲生，而玛赛尔所得的二十五万法郎也已经在火灾中化为灰烬。

● 中国发行的明信片，画面是法国画家格瑞兹1761年创作的画作《乡村里的订婚》，描绘了栩栩如生的一幕：新郎和新娘携手站立在中间，两边分别是自家的父母和亲友。新郎望着父母无奈从命，神态拘谨而紧张；新娘依偎母亲依依不舍，表情羞怯而忧伤。此画现藏巴黎卢浮宫。

● 圭亚那1993年12月6日发行五枚邮票小全张和六枚邮票小型张，纪念巴黎卢浮宫建馆125周年。其中第四枚小全张共有八枚邮票，邮票面值都是50圭亚那元。其中第一枚至第三枚，画面是法国画家格瑞兹（Jean Baptiste Greuze，1725—1805）1761年创作的画作《乡村里的订婚》。画家以风俗画作品闻名于世，善于描绘处于激动情绪或伤感情调中的少女形象。

　　磨工路易和列莫尔把罗斯小姐和玛赛尔母子接到安吉堡磨坊住了下来，两个年轻人终于明天就能够幸福地结合了。玛赛尔也得到了自己祖父失去的那五万法郎，她要用这些钱在磨坊溪畔造一所乡间式的漂亮小房子，与磨工一家比邻而居，与心爱的情人列莫尔一起安享勤劳、快乐的田园生活。

● 斯洛伐克2004年4月16日发行
一套邮票，共有两枚。其中
邮票面值15斯洛伐克克朗，
画面描绘了新郎的服饰；邮
票面值28斯洛伐克克朗，画
面描绘了新娘的服饰。

● 法属安道尔1997年9月15日发行一套绘画艺术邮票，共有两枚，以水力磨坊为主题。其中邮票面值
3.00法郎，画面描绘了Cal Pal 水力磨坊，身后高山积雪，屋前小河流水；四周林木扶疏，只闻寂静
一片。邮票面值4.50法郎，画面描绘了Mas d'en Sole水力磨坊，远处高山层层吐翠，近旁芳草萋萋
连片；几抹阳光唤醒山谷，一条小溪欢快流淌。

● 中国发行的绘
画明信片，画
面是荷兰印象
派画家梵高
1888年创作的
油画作品《菜
地》。

玛赛尔想让列莫尔做自己孩子的教师，教他们念书，而磨工路易则可传授磨面的知识。玛赛尔对列莫尔说："为什么一个人就不能既是个辛勤的工人，又是一个有学识的人呢？" 而列莫尔认为，幸福就是"有一座很干净的，上面盖着茅草，周围绕着葡萄藤的，像安吉堡磨坊这样的一座小房子，过一种简单的、不太紧张的、如同磨工路易这样的生活……"

邮票
上的爱情小说

Mola i serradora de Cal Pal

10

小仲马
《茶花女》（上）

邮票上的爱情小说

Youpiaoshang De Aiqingxiaoshuo

"为什么我有生以来第一次对你说，要跟你分享我所得到的快乐，因为我看出你爱我是为了我，而不是为了你自己才爱我。"这是法国作家小仲马名著《茶花女》中的一段名言。小仲马（Alexandre Dumasfils，1824—1895）是法国著名作家大仲马与一名女裁缝卡特琳·拉贝所生下的私生子，生于法国巴黎。幼年时的小仲马，起先由他母亲扶养，得到了良好的家庭教育。大仲马把他们母子两人安置到帕西农村生活，不论生活条件多么艰苦，小仲马还是在那里成长起来，心中充满着对他天才父亲的崇敬之情。大仲马成名后，混迹于上流社会，直到小仲马七岁时，大仲马终于良心发现，从法律上承认了这个儿子。

● 海地1961年2月10日发行一套邮票，共有六枚，以法国著名作家大仲马父子的作品为主题。其中邮票面值50分，图案描绘了大仲马、小仲马父子俩的画像，大仲马显得自信、豁达、开朗，小仲马则是腼腆、拘谨、深沉。画面背景是法国和海地的国旗。

● 苏联1967年12月29日发行一套绘画艺术邮票，共有九枚。其中邮票面值4戈比，邮票和极限片画面是画家特罗平宁（V. A. Tropinin）创作于1823年的画作《花边女工》。特罗平宁被称为"农奴画家"，其艺术特征亲切、朴素而真实。画中年轻的花边女工形象秀美，一边在织花边，一边看着前方，表情真挚，动人心弦。

● 苏联发行的明信片，画面是俄罗斯国家博物馆的藏画《女裁缝》。该画创作于1869年，描绘了一位女裁缝感人的画面：油灯昏暗，夜深人静，床上的孩子已经睡熟，女裁缝虽然十分困倦，但还是不肯放下手中的针线活。

后来，小仲马被送进圣日纳维也夫山的伏蒂埃寄宿学校，后来又转到布朗什街的圣维克托寄宿学校。小仲马在其最后一本小说《克莱芒索事件》中，提到了他和母亲分手时心中的痛苦，以及在寄宿学校中同学们对他这个私生子的歧视和虐待。小仲马刚从事文学创作时，寄出的稿子总是被退回。父亲便对小仲马说："如果你能在寄稿时，随稿给编辑先生附上一封短信，或者只是一句话，说'我是大仲马的儿子'，或许情况就会好多了。"小仲马却固执地说："不，我不想坐在你的肩头上摘苹果，那样摘来的苹果没有味道。"年轻的小仲马不但拒绝以父亲的盛名作为自己事业的敲门砖，而且不露声色地给自己取了十几个其他姓氏的笔名。

● 法国1978年12月9日发行一枚绘画艺术邮票，邮票面值3.00法郎，画面是画家贝尔纳·比费（Bernard Buffet）的画作《法兰西学院》。画家1977年在巴黎的塞纳河畔，用简练的表现手法，勾勒出法兰西学院和艺术桥的建筑风采。这座豪华建筑的高大穹顶颇为壮观，正面有仿罗马万神庙般三角形山花和柱廊组成，具有浓郁的古典主义风韵。画面上黑色线条起主导作用，富有艺术感染力。

小仲马的长篇小说《茶花女》寄出后，终于以其绝妙的构思和精彩的文笔震撼了一位资深编辑。直到后来，这位编辑才得知，作者竟是大仲马名不见经传的年轻儿子小仲马时，疑惑地问道："您为何不在稿子上署上您的真实姓名呢？"。小仲马说："我只想拥有真实的高度。" 1875年2月21日，小仲马以二十二票的多数被选入法兰西科学院，成了"不朽"的人才。法兰西科学院院士头衔在当时是文人的最高荣誉，在这一点上小仲马比他父亲和著名作家巴尔扎克都要幸运。

1844年9月，小仲马与年轻美丽的交际花玛丽·杜普莱西一见钟情。玛丽出身贫苦，后来沦落于巴黎灯红酒绿的奢华生活。她珍重小仲马的真挚爱情，但为了维持生计，仍得维持同阔佬们的关系。小仲马一气之下就写了绝交信，然后出国旅行。1847年小仲马回国，得知只有23岁的玛丽已经不在人世，她病重时昔日的追求者都弃她而去，死后送葬只有两人。现实生活的悲剧深深地震动了小仲马，他满怀悔恨与思念，将自己囚禁于郊外，闭门谢客，开始了创作之程。一年后，这本凝集着永恒爱情的《茶花女》问世了。此时，小仲马年仅24岁。1852年小仲马的话剧《茶花女》初演时，大仲马正在布鲁塞尔过着短期的流亡生涯，小仲马给他电报上说："第一天上演时的盛况，足以令人误认为是您的作品。"大仲马回电说："孩子，我最好的作品就是你。"

邮票上的爱情小说

长篇小说《茶花女》（The Lady of the Camellias）中的主人公玛格丽特是个农村姑娘，长得异常漂亮，黑玉般的长发如同波浪一样卷曲，鹅蛋脸上嵌着一对乌黑的眼睛，两条眉毛细如弯月，温柔的嘴唇微微张开，露出一口乳白色的牙齿，而皮肤的色泽就像蜜桃上的绒衣。她来到灯红酒绿的巴黎谋生，开始了不幸的卖笑生涯。由于她花容月貌的长相，巴黎的贵族公子争相追逐，成了红极一时的"社交明星"。她经常乘坐一辆由两匹骏马拉着的蓝色四轮骄式小马车，巴黎时尚奢华的香榭丽舍大街是她经常散步的地方。但她尽可能不引人注目，看到认识的人有时也只是莞尔一笑，不过这是唯有公爵夫人才会露出的笑容。

● 　莫桑比克2004年发行一套绘画艺术邮票小型张，共有四枚。其中第二枚小型张共有六枚邮票，邮票面值都是6500梅蒂卡尔，以法国画家詹姆斯·雅克·蒂索（James Jacques Tissot，1836—1902）的画作为主题。其中第四枚，画面描绘了法国繁华街市的常见一幕：一名西装革履、风度翩翩的绅士手中撑着黑色的遮阳伞，正在照顾一名衣着华丽、身材苗条、举止优雅的淑女搭乘马车。

● 　捷克1995年11月8日发行一套绘画艺术邮票，共有三枚。其中面值6捷克克朗，画面是画家Ludek Marold的画作《巴黎女郎》，描绘了一位穿戴珠光宝气、风格时尚摩登、神采活跃热情的巴黎女郎。

● 　俄罗斯2002年2月15日发行一套绘画艺术邮票，共有四枚。其中第二枚邮票面值2.50卢布，画面是画家Hendrik Goltzius 1606年创作的画作《交际花》，描绘了一位衣着入时、容貌美丽、神态妩媚、风姿绰约的交际花。

- 法国1994年12月31日发行一枚邮票，邮票面值4.40法郎，邮票和极限片画面描绘了法国巴黎的香榭丽舍大街（Avenue des Champs-Élysées）的夜景。它被誉为"最美丽的大街"，其东段以自然风光为主，英式草坪，绿树成行，莺往燕来，鸟语花香。西段是高级商业区，珠光宝气，灯红酒绿，雍容华贵，引领时尚。

- 中国1979年11月10日发行一枚小型张，面值2元，画面描绘了宝珠茶花。

- 中国1979年11月10日发行一套邮票，共有十枚邮票和一枚小型张，以云南茶花为主题。其中邮票面值4分，画面描绘了菊瓣茶花；邮票面值8分，画面描绘了狮子头茶花；邮票面值8分，画面描绘了金花茶花；邮票面值10分，画面描绘了小桂叶茶花；邮票面值20分，画面描绘了童子面茶花；邮票面值30分，画面描绘了大玛瑙茶花；邮票面值40分，画面描绘了牡丹茶花；邮票面值50分，画面描绘了紫袍茶花；邮票面值60分，画面描绘了六角恨天高茶花；邮票面值70分，画面描绘了柳叶银红茶花。

- 茶花，又名山茶花，耐冬花，是杜鹃花目山茶科植物，原产于我国西南，现世界各地普遍种植。茶花为中国传统名花，茶花植株形姿优美，叶子浓绿光泽，花形艳丽缤纷，花瓣呈碗形，单瓣或重瓣，有十八学士、六角大红等多种名贵品种，受到世界园艺界的珍视，成为世界名花之一。

- 法国2006年6月18日发行一枚邮票，邮票面值0.53欧元，画面描绘了巴黎歌剧院的建筑风采，既渗透着意大利文艺复兴晚期的巴洛克风格，又辉映着罗可可雕饰艺术。

玛格丽特的身上透露出一种异于其他风尘女子的高贵风韵，而她超群的美貌更使这种气质不同凡响。虽然生活奢侈，美丽动人，但她并不快乐。她说："我们已经身不由己，我们不再是人，而是没有生命的东西。"她随身的装扮总是少不了一束茶花，人称"茶花女"。一个月中有二十五天，玛格丽特所带的是白色的茶花，而其他五天则是红色的，没有人知道她为何对茶花情有独钟，茶花颜色变化的原因是什么，也没有人看到她带过其他什么花。玛格丽特还是巴黎剧院的常客，交际舞会的明星。她经常随身携带三样东西：一副望远镜、一袋甜食和一束茶花。

● 几内亚比绍2001年发行一枚邮票小型张，共有九枚邮票，邮票面值都是300几内亚比索，以法国印象派画家雷诺阿的画作为主题。其中第六枚，画面是画家创作的画作《包厢》。

● 摩纳哥1974年11月12日发行一枚绘画艺术邮票，面值1.00法郎，画面是法国印象派画家雷诺阿的画作《包厢》。这幅画构图别出心裁，特写了包厢里一个贵妇人的神态风韵，就成功地营造了整个剧院温柔华贵的氛围。前景中的贵妇人粉白皮肤上的玫瑰红晕，娇艳欲滴的红唇和波光盈盈的双眼，用细致的薄涂画法精心描绘，与华丽的珍珠项链、金手镯、望远镜以及装饰的玫瑰花用厚重颜料的画法相得益彰。整个画面的最强音是贵妇人身上的黑条纹礼服，粗黑的条纹和白色的轻盈纱衣形成鲜明的对比，更加衬托出少妇清丽端庄的眉目和光艳照人的美丽。

● 奥地利2012年发行一枚艺术邮票，邮票面值70欧分，以维也纳歌剧院舞会为主题。画面描绘了一名身穿白色衣裙的年轻女子，手拿舞扇半遮面，翩翩起舞如仙子的情景。

BRITISH THEATRE
The masks of tragedy and comedy are
one of the oldest traditions of theatre.

● 英国1982年4月28日发行一套邮票，共有四枚，以表演艺术为主题。其中邮票面值15.5便士，画面描绘了芭蕾舞演员；邮票面值19.5便士，邮票和极限片画面描绘了一位身穿彩色格子戏装的戏剧演员正在进行表演的情景；邮票面值26便士，画面描绘了莎士比亚戏剧表演；邮票面值29便士，画面描绘了歌剧表演。

　　故事中的男青年阿尔芒第一次见到玛格丽特是在巴黎闹市的商店门口，从此这个绝代佳人的印象就一直印在他的脑海里。几天后，在巴黎的歌剧院里，有人把阿尔芒介绍给玛格丽特，他显得害羞而腼腆，涨红了脸，张皇失措，让玛格丽特和她的女伴们大声地笑个不止。尽管这样，阿尔芒还是暗暗思忖着，宁可倾家荡产，也要赢得她的芳心。

　　从此，阿尔芒默默关注着她在香榭丽舍大街上和剧院里的出现，看到她总是十分快乐，他也总是感到那么激动。后来听说她生了病，阿尔芒便每天都去探听她的病情，但并不留下姓名。一直探听到玛格丽特已经康复，去外地养病了。

● 海地1961年2月10日发行一套邮票，共有六枚，以法国著名作家大仲马父子的作品为主题。其中邮票面值1古德，图案描绘了小仲马的长篇小说《茶花女》，身穿红裙的玛格丽特坐在自己奢华的居室里，窗户敞亮，窗帘华贵，桌子上放着一束鲜艳的红茶花，这是玛格丽特最喜欢的花。邮票左上角是小仲马的肖像。

　　两年以后，阿尔芒又在巴黎剧院遇见了玛格丽特，心中仍然扑通直跳，昔日对她的爱恋之情又重新燃烧起来。此时的玛格丽特正与一个公爵过往甚密，公爵提供她的花销和挥霍，并且不许她与其他的情人来往。阿尔芒设法拜访了玛格丽特的住所，聊起了可笑的第一次见面，她还知道了阿尔芒就是那个在她生病时每天来打听病情，但不留姓名的青年。阿尔芒则第一次近距离观察这位"梦中情人"的言谈举止，听她弹奏钢琴，一起品尝夜宵，对她越来越着迷。阿尔芒逐渐发现，玛格丽特尽管过着奢华放荡的生活，但是内心仍然是纯真的。她好像是一个一不留神而成为交际花的童真女，又好像是很轻易成为最痴情、最单纯的良家女子的交际花。

● 莫桑比克2004年发行一套绘画艺术邮票小型张，共有四枚。其中第二枚小型张共有六枚邮票，邮票面值都是6500梅蒂卡尔，以法国画家詹姆斯·雅克·蒂索的画作为主题。其中第六枚，画面是画家描绘的淑女形象。

● 匈牙利早期实寄明信片，画面描绘了宽敞而典雅的客厅，一名身穿白色衣裙的女子坐在钢琴前，翻阅乐谱，准备弹琴的情景。

● 奥地利和中国2006年9月26日联合发行一套乐器邮票，共有两枚。其中奥地利邮票面值55欧分/中国邮票80分，画面描绘了奥地利闻名遐迩的贝森多夫钢琴。

● 捷克斯洛伐克1991年11月3日发行一套绘画艺术邮票，共有五枚。其中邮票面值3捷克克朗，画面是法国印象派画家雷诺阿的画作《情人》，描绘了一对青年男女偎依在草地上，谈情说爱的生动情景。

● 美国1984年1月31日发行一枚邮票，邮票面值20美分，以爱情为主题。极限片图案描绘了一位年轻男子向挚爱的情人献上鲜花的情景。

吃夜宵时，玛格丽特突然一阵狂咳，奔进了梳妆室。阿尔芒不放心地跟了进去，发现脸盆里飘着一缕缕血丝。阿尔芒十分担心她的健康，情不自禁地流下了克制了很久的泪水，并向她表明了自己的爱恋，希望帮助她治病。玛格丽特听后显得有点心慌意乱，她说："很久以来我一直在期待一个年轻听话的情人，他对我多情而不多心，接受我的爱但不要求权利。" 阿尔芒当即答应了她。玛格丽特在阿尔芒的衣服纽扣里插了一朵红色的茶花作为定情信物，让他在晚上11点到12点茶花变色的时候前来幽会。"我活不久了，想痛快一些。但我活的时间也很可能比你爱我的时间要长一些。"她似笑非笑地又说了一句。

从此，阿尔芒和玛格丽特彼此相爱，一往情深，双双逐渐坠入了情网。玛格丽特甚至摆脱了公爵长期的供养和庇护，断绝了与巴黎社交圈达官贵人的往来，也改变了以前挥霍奢靡、花天酒地的交际花生活方式，公然与心爱的情人阿尔芒同居在一起。她给予他胜过一切妻子的爱，以及胜过一切姐妹的关心。

- 几内亚比绍2001年发行一枚邮票小型张，共有九枚邮票，邮票面值都是300几内亚比索，以法国画家雷诺阿的画作为主题。其中第八枚，画面是法国印象派画家雷诺阿创作的画作，描绘了一对情侣在花园相互偎依着读报的情景。

- 芬兰2003年5月7日发行一枚主题为"夏天的动植物"邮票小全张，共有六枚邮票，面值均是0.65欧元。邮票图案包括蝴蝶、蜻蜓、青蛙、喜鹊、刺猬、蚱蜢、蜗牛、蚂蚁、蜘蛛等各种野生动物和花草。

- 莫桑比克2004年发行一套绘画艺术邮票小型张，共有四枚。其中第二枚小型张共有六枚邮票，邮票面值都是6500梅蒂卡尔，以法国画家詹姆斯·雅克·蒂索的画作为主题。其中第一枚至第三枚，画面是画家描绘的各种淑女画作。画家擅长描绘雍容华贵、穿着时髦的淑女，其生活经历也因此跌宕起伏，具有传奇色彩。

● 匈牙利1967年6月22日发行一套绘画艺术邮票，其中邮票面值1.70福林，画面是匈牙利画家西玛依·米尔兹1870年的画作《相爱》，描绘了黄昏时分，一对形影不离的年轻情人正偎依在田野里的草垛旁，弥漫着清新和浪漫的情调。画面的空间关系和色彩搭配烘托出抒情和温馨的气氛，爱情之美与自然之美融为一体。

● 苏联发行的明信片，画面是俄罗斯画家伊万·希什金创作于1891年油画作品《雨中橡树林》，现收藏于莫斯科国家特列季亚科夫画廊。画面描绘了一对情人在橡树林中散步的情景：细雨淅淅沥沥，落在伞面奏起音乐；絮语卿卿我我，随着微风飘忽远去。林中大树参天，默然见证缠绵一刻；小路高低崎岖，细心体验爱情几重。

阿尔芒天天偎依在美丽女郎玛格丽特的身边，他们推开窗户，一起观赏花园里百花争艳的夏日景色；他们泛舟小河，一起领略河岸边杂花生树的田园风光。玛格丽特对于芥蒂小事也会发出孩子般的惊讶，像一个十几岁的女孩那样在草地上追逐蝴蝶或是蜻蜓。有时，她坐在草地上，足足用了一个小时，细心地观察一朵常见的小花。

黄昏时分，他们常常坐在能够俯瞰他们所居住小屋的小树林里，在那里聆听夜晚轻快动听的天籁，遥望着那仿佛很难穿出云层的月亮。有时候，他们成天偎依在一起，窗帘严严实实地拉上，仿佛外部世界已经停滞不前。有时他们还在床上吃饭，还不断说一些疯疯癫癫的话，嬉笑玩闹。这一对情人深深地沉浸在爱河里，玛格丽特倾诉说，我们的爱情不同于一般的爱情，你这样爱我，就像我从来未属于过别人。可是我担心你会迫使我重新回到过去的生活，这样我会死掉的。你真不知道我有多么爱你！

- 法国2011年发行一套情人节邮票，共有两枚，都是爱心形状。其中邮票面值0.58欧元，画面用不同色彩的线条描绘了大小不同的爱心，小版张边纸图案同样采用不同颜色的色块和线条，描绘了大小不同的爱心；邮票面值0.95欧元，画面描绘了暗红色彩的爱心。

- 法国2006年1月7日发行一套情人节邮票，共有两枚，都是爱心形状。其中邮票面值0.53欧元，画面描绘了各种颜色背景下的爱心组成的爱心图案。

但玛格丽特并不是一个自由的人，她欠着各种债务，每年还要花上几十万法郎。为了维系她与阿尔芒的爱情，她变卖了首饰、珠宝、马车和一切奢侈品，还必须付出超出想象的牺牲。由于长期的放荡生活，玛格丽特已经患病咳嗽，阿尔芒设法替她治病，让她逐渐摆脱通宵跳舞等不合理的生活习惯。阿尔芒还找了公证人，把自己从母亲继承来的年金转给玛格丽特，保证她的基本生活。

● 新西兰2007年发行一枚个性化邮票小型张，共有七枚邮票，邮票面值都是50分，以礼仪问候为主题。其中第三枚，画面描绘了黄金戒指。

● 波兰2007年发行一枚礼仪问候邮票，邮票面值1.35兹罗提，画面描绘了金光闪烁的戒指，以及红玫瑰花。

● 英属格恩济岛1984年11月20日发行一枚邮票小全张，共有十二枚邮票，邮票面值5便士，以民间传说《圣诞节的十二天》为主题。其中第五枚，画面描绘了五只金戒指。

● 圣诞岛1977年10月20日发行一枚邮票小全张，共有十二枚邮票，邮票面值10澳分，以民间传说《圣诞节的十二天》为主题。其中第五枚，画面描绘了五只金戒指。

● 津巴布韦2002年4月23日发行一套邮票，共有四枚，以宝石为主题。其中邮票面值12元，画面描绘了玛瑙石（Agate）；邮票面值25元，画面描绘了海蓝宝石（Aquamarine）；邮票面值35元，画面描绘了钻石（Diamond）；邮票面值45元，画面描绘了绿宝石（Emerald）。

● 印度尼西亚2000年3月1日发行一套邮票，共有三枚，以珠宝首饰为主题。其中邮票面值500盾，画面描绘了葡萄宝石（Prehnite）；邮票面值1000盾，画面描绘了玉髓宝石（Chalcedony）；邮票面值2000盾，画面描绘了火山黑曜宝石（Volcanic obsidian）。

邮票上的爱情小说

不久，平静的生活泛起波澜。阿尔芒的父亲来访，严厉地要求阿尔芒离开玛格丽特，改变目前这种不体面的生活。但阿尔芒不以为然，并要求父亲不要做任何伤害玛格丽特的事情，两人各持己见，不欢而散。终于有一天，玛格丽特突然神秘地出走了，阿尔芒不明真相，无奈之下跟随父亲离开了巴黎。他无精打采地去山林打猎，却心不在焉，对近在咫尺的野兔视而不见，只是呆呆地望着天上的云彩飞过，任凭对玛格丽特的思念在孤寂的原野上奔驰。一个月后，他终于忍无可忍，又重新回到了巴黎。

● 圣马力诺1962年8月25日发行一套狩猎邮票，共有十枚。其中邮票面值1里拉，画面描绘了带着猎犬的猎人；面值2里拉，画面描绘了骑马的猎人和猎犬；面值3里拉，画面描绘了狩猎野鸭的情景；面值4里拉，画面描绘了狩猎野鹿的情景；面值5里拉，画面描绘了狩猎鹬鸪的情景；面值15里拉，画面描绘了狩猎麦鸡的情景；面值50里拉，画面描绘了狩猎野鸭的情景；面值70里拉，画面描绘了在小船上狩猎野鸭的情景；面值100里拉，画面描绘了狩猎野猪的情景；面值150里拉，画面描绘了狩猎野鸡的情景。

● 法国1989年4月21日发行一套以巴黎的著名历史建筑为主题的邮票，共有五枚，邮票面值都是2.20法郎。这五枚邮票的图案相互衔接，构成一幅完整的图案。其中第一枚，图案描绘了德方斯巨门（Ardhe de la defense）；第二枚，图案描绘了埃菲尔铁塔（Eiffel Tower）；第三枚，图案描绘了卢浮宫（Grand Louvre）；第四枚，图案描绘了巴黎圣母院；第五枚，图案描绘了巴士底纪念碑和巴士底歌剧院（Bastille Monument and Opera de la Bastille）。

● 瑞典1992年8月27日发行一套绘画艺术邮票，共有六枚，邮票面值都是5.50瑞典克朗，纪念瑞典国家博物馆建立200周年。其中第五枚，画面是画家Carl Fredrik Hill的画作《塞纳河边》，一江春水蜿蜒曲折，静静流淌波澜不惊。岸边绿树葱茏苍翠，远方田园风景独好。

● 格拉纳达1993年3月8日发行一枚邮票小型张，共有八枚邮票，邮票面值都是1东加勒比元，以法国画家华多（Jean Antoine Watteau，1684—1721）的画作为主题，纪念法国卢浮宫建成200周年。其中第一枚，画面是画家的画作《贵族老爷》。画中的贵族公子穿戴讲究，衣饰华丽，风度翩翩，谈笑风生。

　　此时有位伯爵已经为玛格丽特赎回了金银首饰和四轮马车，玛格丽特又回到了以前的交际花生活方式。她四处参加舞会，吃夜宵，有时还喝得烂醉如泥。而阿尔芒认为她是水性杨花变了心，以前彼此的两情缱绻依然无法抵挡她对往日奢华生活的欲念。为了羞辱玛格丽特，阿尔芒参加舞会时故意去追求比玛格丽特更为漂亮的交际花，还为她买了首饰和马车，玛格丽特见此面色苍白，心如刀绞，以致卧床不起，逐渐在舞会和剧院里销声匿迹了。

● 几内亚比绍2001年发行两枚邮票小型张，其中第一枚小型张共有九枚邮票，邮票面值都是300几内亚比索，以法国印象派画家雷诺阿的画作的主题。其中第三枚，画面是画家1881年创作的画作《游艇上的午餐》，描绘了达官贵人和名媛淑女在游艇上饮酒作乐，谈笑风生的情景。画面上人物众多，人头攒动，色斑跳跃，热闹非凡，给人以愉快欢乐的强烈印象。画面中的人物由近及远，产生一种多层次的节奏感。画家把主要精力放在对近景一组人物的描绘上，生动地表现出人物脸上的光色效果及光影造成的迷离感，渲染了午餐会的气氛。画家保留着印象派对外光与色斑的留恋，使画面的总体色调、气氛有一种颤动、闪烁的强烈效果。

● 几内亚比绍2001年发行两枚邮票小型张，其中第二枚小型张共有九枚邮票，邮票面值都是300几内亚比索，以法国印象派画家雷诺阿的画作的主题。其中第七枚，画面是画家1876年创作的画作《红磨坊街的舞会》，描绘了巴黎人所喜爱的假日消遣活动场所：阳光灿烂的日子，在蒙马特山丘的红磨坊街举行露天舞会的情景。整个画面充满快速扫过的细小笔触，色彩变化富有韵律，尤其是树木枝叶间透光的效果，生动地再现了跳跃的阳光在舞会人群欢快的身影间流动摇晃。明媚阳光的影影绰绰、欢歌笑语的喧闹纷杂、绅士淑女的轻快舞步交融在一起。

● 苏联1982年发行的明信片，画面是俄罗斯画家鲁达科夫·康斯坦金·伊万诺维奇（1891—1949）的水彩画作品《在剧院里》，描绘了一对贵族夫妇在剧院观看表演的情景。画面中光线和色彩的运用十分成功，把贵妇人的端庄矜持和体态轻盈刻画得栩栩如生。

　　在一次会面时，病容满面的玛格丽特身穿一身黑色衣裙，忧伤地恳求阿尔芒："你把我害惨了，我没有什么对不起你，除了一些不得已的事情外，我什么也没干。不管你有意也好，无意也好，自从你回来以后，你带给我的痛苦，我已经无法承受了。我离开病床不是为了来向你求情，而是请你不要再把我当回事了。"

● 英国泽西岛1995年3月21日发行一套邮票，共有五枚，以茶花为主题，纪念在泽西举行的国际茶花学会大会。其中邮票面值18便士，画面描绘了Captain Rawes茶花；邮票面值23便士，画面描绘了Brigadoon茶花；邮票面值30便士，画面描绘了Elsie Jury茶花；邮票面值35便士，画面描绘了Augusto L'Gouveia Pinto茶花；邮票面值41便士，画面描绘了Bella Romana茶花。邮票边纸上印有茶花的英文字样，以及茶花的图案。

● 法国2005年9月17日发行《各地生活风情》系列第六枚小全张，共有十枚邮票，面值都是0.53欧元。其中第五枚，邮票和极限片画面描绘了巴黎塞纳河风光景色。

POST OFFICE
DAY
LONDON 1980
INTERNATIONAL
STAMP
EXHIBITION
LONDON SW
7 MAY 1980

13$\frac{1}{2}$P

13$\frac{1}{2}$P Royal Opera House

Royal Opera House

11

小仲马
《茶花女》（下）

邮票上的爱情小说

Youpiaoshang De Aiqingxiaoshuo

但是阿尔芒无法忍受玛格丽特与别人继续来往，继续恶毒地羞辱她，使她无奈地远走英国。后来，阿尔芒听到玛格丽特在巴黎病重，写了信问候她。贫病交加的玛格丽特回了信，让阿尔芒去取她的日记。当阿尔芒赶到她的身边，她已玉殒香消，凄凉地含泪死去。

- 韩国2001年8月2日发行一枚邮票小型张，共有两枚相同的邮票，面值170韩元，以爱情为主题。画面描绘了缀满鲜花的爱心。

- 韩国2006年8月3日发行一枚邮票小型张，共有两枚邮票，面值都是220韩元，纪念韩国的集邮周。邮票画面都是在鲜花背景上，描绘了二枚指纹组成的爱心图案，寓意爱情的承诺和忠贞。

- 土耳其2008年发行一套欧罗巴"书信"专题邮票，共有两枚。其中第一枚邮票面值65库鲁，画面描绘了情书、手势形成的爱心图案；第二枚邮票面值80库鲁，画面描绘了书信、钢笔和墨水瓶。

阿尔芒读了玛格丽特的日记，才明白了她当时离他出走的真相：原来阿尔芒的父亲反对阿尔芒和玛格丽特的结合，他私下要求玛格丽特为了阿尔芒的前途和财产作出牺牲，离开阿尔芒。玛格丽特为了赢得这个老人的尊敬，证明自己的纯洁无私，强忍悲痛宣布与阿尔芒绝交，让他回到父亲身边。而她只能"再去过从前的生活"，继续忍受贵族老爷玩弄、债主追逼、情人误解等折磨……最后在绝望和悲凉中离开人世。读到这里，阿尔芒早已泣不成声了。

三幕歌剧《茶花女》是广大中国观众和读者所熟悉的一部作品，剧本是剧作家皮阿威根据小仲马的同名悲剧改编而成，由意大利著名作曲家威尔第（Giuseppe Verdi, 1813—1901）作曲，1853年3月6日首演于威尼斯凤凰剧院。歌剧中音乐以细微的心理描写、诚挚优美的歌词和感人肺腑的悲剧力量，集中体现了威尔第歌剧艺术的独特魅力，很快就得到了全世界的赞誉，被认为是一部具有出色艺术效果的作品，并由此成为各国歌剧院中最受欢迎的作品之一。《茶花女》的原作者小仲马曾经说过：五十年后，也许谁也记不起我的小说《茶花女》了，但威尔第却使它成为不朽。

● 冈比亚2001年4月26日发行一枚邮票小型张，共有四枚邮票，邮票面值都是10达拉西，纪念意大利著名作曲家威尔第逝世100周年。其中第一枚和第四枚，图案分别描绘了青年和老年威尔第的肖像；第二枚，画面是著名歌剧《茶花女》中的男主角阿尔弗雷多和女主人公薇奥莱塔，背景是该剧的乐谱；第三枚，画面是威尔第的著名歌剧《阿依达》及其乐谱。

● 意大利1998年4月8日发行一枚邮票，邮票面值800里拉，纪念意大利歌剧400周年。古时意大利的佛罗伦萨盛行狂欢节演唱，人们伴随着彩车演唱各种历史人物和英雄人物，尤其是音乐家劳伦佐采用新演唱形式创作了《巴哥和阿丽安娜的凯旋》。这些被视作意大利歌剧的起源。邮票画面描绘了佛罗伦萨的狂欢节演唱。

● 位于北大西洋的爱尔兰1991年4月11日发行一枚邮票小型张，共有四枚邮票，纪念该国首都都柏林成为欧洲文化城市。其中邮票面值28爱尔兰便士，画面描绘了都柏林大歌剧院上演威尔第著名歌剧《茶花女》的精彩场面，纪念该剧院成立50周年。

● 列支敦士登1998年6月2日发行一套邮票，共有四枚，以写信为主题。其中第三枚，画面描绘了一名喜气洋洋的小丑脱帽表示庆贺的情景。极限片画面描绘了小丑举起酒杯表示祝贺的情景。

该剧中的著名咏叹调《饮酒歌》为该剧中第一幕唱段，当时男主角阿尔弗雷多在女主人公薇奥莱塔举行的宴会中举杯祝贺，用歌声表达对薇奥莱塔的爱慕之心，薇奥莱塔也在祝酒时作了巧妙回答。第二段结尾处两人的对唱表达了他们互相爱慕之情，最后一段客人们的合唱也增添了这首歌的热烈气氛。这首单二部曲式的分节歌以轻快的舞曲节奏、明亮的大高色彩及六度大跳的旋律动机贯穿全曲，表现了主人公对真诚爱情的渴望和赞美，同时又描绘出沙龙舞会上热闹、欢乐的情景，至今仍是音乐会上脍炙人口的节目。

- 南非1977年2月14日发行一枚邮票，邮票面值15分，纪念在南非开普敦（Cape Town）举行的葡萄酒质量研讨会（Quality of the vintage Symposium），画面描绘了晶莹透亮的玻璃酒杯，以及杯中的美酒。

- 奥地利1991年10月4日发行一套邮票，共有三枚，以民间节庆为主题。其中邮票面值5奥地利先令，邮票和极限片画面以维也纳的"酿酒花冠节（Winzerkrone）"为主题，描绘了晶莹透亮的紫葡萄、酿成的美酒，以及"酿酒桂冠节"缀嵌着鲜花、葡萄和珠宝的花冠。

- 葡萄牙马德拉群岛2006年7月1日发行一套邮票，共有四枚，以葡萄酒为主题。其中邮票面值0.75欧元，画面描绘了葡萄酒的酒桶、酒瓶和酒杯。

- 瑞典2010年发行一套邮票，共有四枚，邮票面值都是5.50瑞典克朗，以问候祝福为主题。其中第四枚，画面描绘了欢乐庆贺时打开了瓶塞的酒瓶和高高迭起的酒杯。

- 圣马力诺2001年2月19日发行一枚邮票小全张，共有十二枚邮票，邮票面值都是800里拉，以意大利著名作曲家威尔第和他的歌剧作品为主题。其中第五枚，图案描绘了威尔第的肖像，以及他作曲的著名歌剧《茶花女》中，主角阿尔弗雷多在女主人公薇奥莱塔的寓所互诉衷肠的演出场景。

- 尼加拉瓜1975年1月22日发行一套邮票，共有十五枚，以著名歌剧演员为主题。其中邮票面值5分，画面描绘了澳大利亚女高音唱家梅尔芭（Nellie Melba）在威尔第著名歌剧《茶花女》中饰演女主角薇奥莱塔的情景，右侧是该剧的乐谱。

- 意大利1963年10月10日发行一枚邮票，邮票面值30里拉，纪念意大利作曲家威尔第诞生150周年。图案描绘了威尔第的肖像，以及米兰的La Scala歌剧院建筑。首日封图案是威尔第的正面画像，以及他多部歌剧作品的音乐曲谱，其中左下方是著名歌剧《茶花女》（LA TRAVEATA）曲谱。

根据小仲马名著《茶花女》改编的同名话剧1852年首次上演后，经久不衰，至今仍然是一出著名演员非常喜欢表演的经典剧目。在世界话剧史上，扮演话剧《茶花女》女主角玛格丽特的著名演员很多，其中最突出的两位女演员是法国的莎拉·贝恩哈特和意大利的杜丝，而大名鼎鼎的美国好莱坞电影明星费雯丽晚年在澳大利亚及拉丁美洲巡回演出时也以之作为她的主要剧目。

● 密克罗西亚2013年发行两枚邮票小型张，纪念法国电影女演员莎拉·伯恩哈特逝世90周年。其中第一枚邮票小型张共有四枚邮票，邮票面值都是1.20美元，画面分别描绘了这位著名演员的各种光彩夺目的舞台形象；第二枚邮票小型张邮票面值3.50美元，画面描绘了莎拉·伯恩哈特的画像。两枚小型张边纸上都有醒目的"法国戏剧和电影女演员莎拉·伯恩哈特"英文字样。

法国女演员莎拉·伯恩哈特（Sarah Bernhardt，1844—1923）是19世纪和20世纪初最有名的法国女演员。她是一位非常多产的演员，在经典戏剧和当代戏剧中均非常成功。作为拉辛经典剧作中的女主角和作为维克多·雨果浪漫剧作中的女主角她均非常受欢迎。但莎拉·伯恩哈特最中心的角色则是根据小仲马小说《茶花女》改编的同名戏剧中的女主角玛格丽特。从1880年开始一直到她高龄一再扮演这个角色。1914年，她最后告别舞台时，演出的也是《茶花女》。她还在1911年拍摄的电影《茶花女》中扮演女主角玛格丽特。

著名的意大利女高音歌唱家埃莉诺拉·杜丝（Eleonora Duse,1858—1924）从四岁起就开始登台演出。1878年在根据左拉小说《黛莱丝·拉甘》改编的同名话剧中饰演女主角，一举成名，不久受聘于意大利都灵市剧院。她戏路广阔，既擅长演悲剧，也擅长演喜剧，在舞台上先后塑造了茶花女、朱丽叶、奥菲丽娅、娜拉等女性形象。杜丝善于对人物内心世界进行朴实无华、细腻委婉的剖示，具有独特的表演风格和艺术魅力。

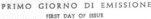

邮票上的爱情小说

- 意大利1958年12月11日发行一枚邮票，邮票面值25里拉，纪念意大利著名女高音歌唱家埃莉诺拉·杜丝诞生100周年。邮票和首日封图案描绘了杜丝的画像。

- 俄罗斯1958年12月26日发行一枚邮票，邮票面值40戈比，纪念意大利女高音歌唱家埃莉诺拉·杜丝诞生100周年。图案描绘了杜丝的画像。

英国籍好莱坞著名女演员费雯丽（Vivien Leigh，1913—1967）也长期活跃在话剧舞台上，曾获得戏剧最高奖托尼奖最佳女主角，被奉为"戏剧女王"。费雯丽早就有意于演出《茶花女》中的玛格丽特，但苦无适当英文剧本。当加拿大一位翻译家译出后，她立即进行排练。并于1961年7月12日至1962年5月16日期间在澳大利亚、新西兰以及拉丁美洲十多个国家巡回演出时，在众多的著名剧院中把《茶花女》作为她的主要剧目之一。

● 英国1985年10月8日发行一套邮票，共有五枚，以20世纪著名电影导演和演员为主题。其中邮票面值31便士，画面是摄影家Angus Mcbean所拍摄的著名电影演员费雯丽的照片。

当电影问世后，曾有多部以小仲马名著《茶花女》为内容的电影相继出现，演绎这个流传久远、脍炙人口的故事，从无声到有声，从黑白到彩色。其中第一部是丹麦于1907年拍摄的无声电影，第二部是法国于1911年拍摄的无声电影，由莎拉·贝恩哈特饰演女主角玛格丽特。

而由乔治·丘克（George Cukor）执导的著名电影《茶花女》则是其中艺术成就最高、最负盛名的一部。这部凝聚着永恒爱情的影片洋溢着浓烈的抒情色彩和悲剧气氛，好莱坞著名电影女演员葛丽泰·嘉宝（Greta Garbo，1905—1990）在片中将小仲马笔下的茶花女演绎活灵活现，有着近乎完美的表现。她对玛格丽特的成功塑造凝聚了她对人生、社会、角色的理解、积累和交融，达到其表演艺术闪光的顶峰。

● 法国1994年9月17日发行一套著名演员附捐邮票，共有六枚，面值都是2.80法郎/附捐0.60法郎。其中第一枚，画面和极限片画面描绘了著名电影演员普兰荟（Yvonne Printemps，1894—1977）的肖像，以及她在电影《茶花女》中扮演玛格丽特的电影海报。

葛丽泰·嘉宝生于瑞典斯德哥尔摩，家境贫穷，胆小害羞。她曾说过："我从来不曾像其他女孩那样真正年轻过。"她生性内向，离群索居，被称为"一朵孤独绽放的花"。葛丽泰·嘉宝的面容苍白而温和，像一枝在阴暗的街道上绽开的花朵，而又永远不会被玷污。最令人赞叹之处是她脸上焕发出一种安详、皎洁、纯净而又透澈的光芒，独具几乎非人间所有的禀赋——力量、尊严和光辉。与她合作过的所有导演与摄影师都说她是他们梦里的文艺女神，有着过去和未来最美的眼睛。

● 瑞典2006年9月23日与美国联合发行一套邮票，纪念著名电影演员葛丽泰·嘉宝。其中瑞典邮票有两枚，邮票面值都是10瑞典克朗。第一枚邮票画面描绘了葛丽泰·嘉宝的画像，第二枚邮票画面描绘了葛丽泰·嘉宝的侧面漫画，以及她的英文名字"Greta"。美国邮票面值37美分，画面是葛丽泰·嘉宝的画像。

● 瑞典1998年5月14日发行一套邮票小本票，共有六枚，面值都是标准邮资（5.00瑞典克朗），以斯德哥尔摩旧日风情为主题。其中第一枚，画面描绘了斯德哥尔摩王宫建筑；第二枚，画面描绘了海湾里快速航行的汽艇；第三枚，画面描绘了百年历史的歌剧院；第四枚，画面描绘了海湾里的白帆船；第五枚，画面描绘了斯德哥尔摩的海滨景色；第六枚，画面描绘了市政大厦的塔楼风采，以及焰火璀璨的夜空。

- 瑞典1985年5月21日发行一套邮票，共有四枚，邮票画面采用斯德哥尔摩旧时风貌的绘画作品，纪念在斯德哥尔摩举行的Stockholmia'86国际邮票展览。其中邮票面值2瑞典克朗，画面是画家Sigrid Hjerten 1919年的画作《Slussen风光景色》；邮票面值2瑞典克朗，画面是画家Gosta Adrian-Nilsson 1919年的画作《斯德哥尔摩的冬天》；邮票面值3瑞典克朗，画面是画家Hilding Linnqist 1945年的画作《Riddarholmen的夏夜》；邮票面值4瑞典克朗，画面是画家Otte Skold 1927年的画作《Klara教堂高塔》。

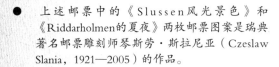

- 上述邮票中的《Slussen风光景色》和《Riddarholmen的夏夜》两枚邮票图案是瑞典著名邮票雕刻师琴斯劳·斯拉尼亚（Czeslaw Slania，1921—2005）的作品。

  嘉宝的表演格外优美，具有非凡的创新精神与活力，为人们勾画了一个无尽想象和思索的空间。也许，她的这些天然禀赋使她在电影《茶花女》中的表演无人能够超越。她所饰演的玛格丽特临死时的台词，让整个世界的心停顿了几秒钟："我的心，不习惯幸福。也许，活在你的心里更好，在你心里，世界就看不到我了。"她被誉为"永远是银幕上最不朽的女人"，曾获奥斯卡终身成就奖，成为电影史上最著名的女明星之一。

- 罗马尼亚2005年1月20日发行一套著名人物邮票，共有五枚。其中邮票面值72000列伊，纪念著名电影女演员葛丽泰·嘉宝诞生100周年。画面描绘了葛丽泰·嘉宝的画像。

- 加纳1995年12月8日发行一套电影邮票，共有九枚，邮票面值都是400塞地，纪念电影问世100周年。其中第五枚，画面描绘了电影女演员葛丽泰·嘉宝正在凝神沉思的画像。

- 德国2001年10月11日发行一套以著名电影明星为主题的邮票，共有五枚。其中邮票面值110芬尼/附捐50芬尼，画面描绘了葛丽泰·嘉宝的画像，其眼神焕发出一种安详而又透澈的光芒。

- 美国1998年9月10日发行一枚"美国芭蕾"纪念邮票，邮票面值32美分，邮票图案是正在表演的芭蕾舞演员。邮票黑色的背景衬托出身穿白裙的芭蕾舞演员，舞蹈姿态优美挺拔，凸现芭蕾舞蹈的舞台形象和艺术魅力，是一枚舞蹈邮票设计的杰作。

- 新西兰1992年7月8日发行一套邮票，共有六枚，以茶花为主题，邮票面值分别是45分、50分、80分、1新西兰元、1.50新西兰元和1.80新西兰元。邮票画面描绘了五彩缤纷的各色茶花。

　　小仲马的小说《茶花女》与其他许多名著一样，也被改编为芭蕾舞剧。英国著名芭蕾编导弗雷德里克·阿希顿爵士（Sir Frederick Ashton，1904—1988）在看过费雯丽1961年在澳大利亚版话剧《茶花女》中和嘉宝在电影《茶花女》中饰演的玛格丽特后，就有意为著名芭蕾舞女演员玛戈·芳婷专门编导一出有关《茶花女》的芭蕾舞剧。他把这出独幕舞剧定名为《玛格丽特和阿尔芒》。剧情大意是：幕掀起时，玛格丽特在逝世前的床上回忆起一幕幕往事：从与阿尔芒相爱开始，到阿尔芒之父来到阻止，直至阿尔芒在她逝世前返回，两人再度相爱为止。阿希顿在编舞时采用的乐曲是著名作曲家李斯特的B小调钢琴奏鸣曲。

- 帕劳2013年发行一枚邮票小型张，邮票面值3.5美元，画面是印象派画家埃德加·德加的画作《手持花束的芭蕾舞女》，描绘了一名芭蕾舞女明星，手拿一束鲜花，以优美的舞姿造型向观众谢幕的情景。芭蕾舞女一直是众多法国画家钟爱的题材，而埃德加·德加则以画芭蕾舞女闻名于世。他笔下的芭蕾舞女形态各异、栩栩如生，有的在后台休息，有的在前台排练，有的在更衣室打扮，他利用人物绘画上明暗的相互作用，展示出独特的运动感和空间感。

- 加蓬1974年6月11日发行一套绘画艺术邮票，共有三枚。其中邮票面值400中非法郎，画面是法国印象派画家埃德加·德加的画作《手持花束的芭蕾舞女》。

- 马尔代夫群岛1971年11月19日发行一套绘画艺术邮票，共有五枚。其中邮票面值5拉雷，画面是法国印象派画埃德加·德加的画作《芭蕾舞女首席演员》；邮票面值5马尔代夫卢比，画面是画作《正在练习的芭蕾舞女》。

- 莱索托1988年10月17日发行一套绘画艺术邮票，共有八枚。其中邮票面值75马洛蒂，画面是法国印象派画家埃德加·德加（E.Degas 1834—1917）1876年创作的的画作《芭蕾舞女首席演员》。

● 英国泽西岛2011年发行一套邮票，以著名人物为主题。其中邮票面值36便士，画面描绘了英国的著名芭蕾舞演员玛戈·芳婷和她的舞台形象。

Royal Opera House

Neither burning flames nor financial hard times could
destroy the spirit that created the Royal Opera House.

● 英国1980年5月7日发行一套英国建筑风光邮票，共有五枚。其中邮票面值13.5便士，画面是皇家歌剧院（Royal Opera House）。它是英国首屈一指的歌剧表演场所，也是伦敦最负盛名的老牌剧院之一。它坐落在伦敦科文特修道院及水果市场，并得到皇家敕许创建，故也称科文特花园皇家剧院。

● 英国1996年8月6日发行一套"20世纪有伟大成就的女性"纪念邮票，其中邮票面值26便士，邮票图案是英国的著名芭蕾舞演员玛戈·芳婷和她的一双芭蕾舞鞋。

英国著名的芭蕾舞演员玛戈·芳婷（Margot Fonteyn，1919—1991）1919年生于上海，她虽然是英国人，但自幼跟随俄国老师学习芭蕾。回到英国后，确立了她在英国芭蕾界首席芭蕾演员的地位。玛戈·芳婷后来邀请俄罗斯天才芭蕾舞男演员鲁道夫·努里耶夫前往伦敦，两人在卡文加登剧院的舞台上开始了世界水平的"世纪合作"。著名芭蕾舞剧《茶花女》、《女水妖》、《睡美人》、《灰姑娘》等都是他们杰出的代表作品。1965年，他们在维也纳演出《天鹅湖》，共谢幕八十九次，创造了舞蹈史上的谢幕纪录。

玛戈·芳婷的表演以抒情、细腻的艺术风格著称。她技术娴熟，动作优美流畅，舞姿富有雕塑感，表演富有音乐感，更善于精心刻画人物的内心情感，在达到高超的舞蹈技术的同时，显示出很高的塑造人物形象的技巧。而努里耶夫用"最完美、最神圣的舞蹈语汇，画出了力量和优雅的美丽弧线"。1963年3月12日，芭蕾舞剧《玛格丽特和阿尔芒》在伦敦皇家歌剧院首演，分别由玛戈·方婷和鲁道夫·努里耶夫饰演玛格丽特和阿尔芒。两位杰出演员珠联璧合的"世纪演出"受到观众的热烈欢迎，成为他们最成功的表演之一。

- 韩国2000年4月20日发行一枚心形邮票，邮票面值170韩元，以爱情为主题。画面采用动画手法，描绘了表示爱情的玫瑰花和手势，以及许多心形图案。

- 法国2000年1月8日发行一枚情人节邮票小型张，共有两种图案的邮票五枚，邮票面值都是3.00法郎。邮票形状如同"爱心"的形状，别具匠心。其中第一种邮票"爱心"图案里描绘了一名青春少女的脸部，第二种邮票"爱心"图案里描绘了多层次、多条纹、多色彩的心形图案，寓意爱情的细腻、微妙和丰富。小型张边纸图案在象征爱情的玫瑰色背景上，描绘了"爱心永远不会离开我"的法文字样。

● 圣马力诺1989年11月17日发行一套邮票，共有三枚，以著名艺术家为主题。其中邮票面值1200里拉，画面描绘了著名演员玛戈·芳婷和鲁道夫·努里耶夫在芭蕾舞剧《玛格丽特和阿尔芒》中分别饰演男女主角，表演双人舞的精彩一刻。

在中国，《茶花女》可以说是读者最熟悉、最喜爱的外国文学名著之一。早在一百多年以前，著名翻译家林纾用文言体翻译出版了小说《巴黎茶花女遗事》，玛格丽特和阿尔芒的爱情故事在中国的读者群中迅速流传，深入人心。

REPUBLIQUE FRANÇAISE 0.40
POSTES

LÉON BAILBY 1968 Cinquantenaire
DES PETITS LITS BLANCS

CINQUANTENAIRE DES PETITS LITS BLANCS
PREMIER JOUR
26 OCTOBRE 1968
PARIS

CINQUANTENAIRE
DES
PETITS LITS
BLANCS 1918·196

ПОЧТА СССР

67

1823

В.А. ТРОПИНИН. КРУЖЕВНИЦА

125

ГАЛЕРЕЕ

20·11·1981

12

都德

《阿莱城姑娘》

邮票上的爱情小说
Youpiaoshang De Aiqingxiaoshuo

阿尔封斯·都德（Alphonse Daudet，1840—1897）是法国19世纪著名的现实主义小说家，远在20世纪20年代，他的一些文学作品就已经介绍到中国。一代又一代的中国读者通过其名作《最后一课》，了解到法语是世界上最美丽、最清晰、最严谨的语言之一，懂得了"当一个民族沦为奴隶时，只要它好好地保存着自己的语言，就好像掌握了打开监狱的钥匙"。

- 新喀里多尼亚1997年5月14日发行一套邮票，共四枚，邮票面值都是65太平洋法郎，纪念法国作家都德逝世100周年。其中第一枚，画面描绘了都德正在凝神思考、执笔写作的情景；第二枚，画面描绘了都德的代表作品《磨坊书简》（Letters from a Windmill），悠久古老的风车磨坊，自由觅食的白山羊，起伏蜿蜒的山坡、翠绿芳香的草地松林等故事情景。

- 摩纳哥1969年11月25日发行一套邮票，共五枚，纪念法国作家都德的短篇小说集《磨坊书简》问世100周年。其中邮票面值0.30法郎，邮票和极限片画面描绘了都德的画像。

都德1840年出生在法国南部普罗旺斯省的尼姆地方，父亲是个商人，母亲对于文学有特殊的爱好。都德自幼就聪颖过人，喜欢练习写诗，而且注意观察生活。上中学时，都德常去书店博览群书，扩大知识视野。普罗旺斯温和的气候使大量的外来水果和蔬菜在本地繁衍，其中薰衣草一直稳坐当地植物界皇后的宝座。这种来自古波斯地区的植物以其优雅的色彩和清淡的幽香点缀着普罗旺斯的田野与道路，使普罗旺斯成为一片紫霞蒸腾的土地。薰衣草紫色小花的花语是

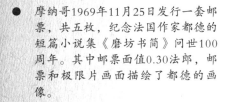

"等待爱情"，在夏日的微风中打开着浪漫的符号，宛如最沉静的思念，最甜蜜的惆怅，最忧伤的感觉。

● 法国1977年4月23日发行一套欧罗巴"风光"专题邮票，共有两枚。其中邮票面值1.00法郎，画面描绘了法国南部普鲁旺斯古风浓郁的民居建筑。极限片画面描绘了错落有致的山村景色，山谷吐翠，暖风和煦，田野里的薰衣草绽放着美丽风采。

　　1855年父亲破产后家道中落，都德被迫辍学自谋生路。他15岁就到小学任自习辅导员，两年之后到大都市巴黎，在贫困的境遇中开始了文学创作生活。1860年，都德开始担任莫尼公爵的秘书，从而有机会接触和观察巴黎都市社会形形色色的人物和现象。同时，他还多次回归富于诗情画意的普鲁旺斯农村旅行，从家乡流传的民间故事和传说中汲取文学创作的营养。1863年到1864年的冬季，都德离开了巴黎，回到了家乡普罗旺斯，安家在磨坊之乡封维依附近一座废弃的磨坊里。都德喜欢住在这儿，静静地观看景色、构思作品。这座荒废的磨坊，似乎是代表着已经失去的一个时代，同时也体现了都德回归大自然的愿望。这座磨坊后来经过修复，成为都德纪念馆。

- 捷克2009年10月9日发行一套以磨坊为主题的邮票，共有两枚。邮票面值10捷克克朗，画面描绘了风车磨坊，其风翼按圆周排列，置于磨坊的顶部。

- 法国1987年6月27日发行一枚名胜古迹邮票，邮票面值3.00法郎，邮票和极限片画面描绘了普罗旺斯矗立在山岗上的Les Barx-de-Provence古代建筑，斑驳的墙面经历了百年风雨，几度繁华，几度孤独；古朴的门窗述说着历史故事，几分荣耀，几分悲凉。

- 法国1982年6月21日发行一枚名胜古迹邮票，面值2.00法郎，画面描绘了普罗旺斯艾克斯（Aix-en-Provence）文艺复兴时期的古代喷泉雕塑。

　　都德的故乡普罗旺斯从诞生之日起，就谨慎地保守着它的秘密，直到文学大师们渐渐揭开了它许久以来独特风情的面纱。在文学大师们的笔下，"普罗旺斯"已不再是一个单纯的地域名称，更代表了一种简单无忧、轻松慵懒的生活方式，一种宠辱不惊、去留无意，闲看庭前花开花落，漫随天外云卷云舒的闲适意境，让人忘掉一切拘束和烦恼。普罗旺斯的风情富有变化，拥有不同寻常的魅力：天气阴晴不定，时而暖风和煦，时而海风狂野；地势跌宕起伏，平原广阔，峰岭险峻，峡谷寂窦，古堡苍凉，蜿蜒的山脉和活泼的小镇，全都在这片大地上演绎万种风情。每年7—8月间，普罗旺斯的薰衣草迎风绽放，浓艳的色彩装饰翠绿的山谷，微微辛辣的香味混合着青草的芬芳，交织成法国南部最令人难忘的气息。

都德25岁时发表了短篇小说集《磨坊书简》，描写了法国南方的自然风光和生活习俗，一举成名。他往往以自己熟悉的故乡小人物为描写对象，以亲切而略带幽默的眼光观察他们，善于从生活中挖掘某些有独特意味的东西，又以平易自然的风格加以表现，并把自己的深切感情注入字里行间。因此，他的作品往往带有一种柔和的诗意和动人的魅力，从中看到作者自己的欢乐、忧郁、愤怒和眼泪，以及他对家乡故土的钟情、伤感、眷恋和挚爱。

- 日本2005年4月26日发行一套北海道风光邮票，共有四枚，面值都是50日元。其中第二枚，画面描绘了原野上盛开的薰衣草。

- 法国2004年3月20日发行"各地生活风情"系列第三枚小全张，共有十枚邮票，面值都是0.50欧元。其中第二枚，画面描绘了普罗旺斯出产的各种蔬菜水果。

- 法国1936年4月27日发行一枚邮票，邮票面值2法郎，纪念法国作家都德发表短篇小说集《磨坊书简》70周年。邮票画面描绘了阿尔勒的磨坊（Windmill at Fontvielle），如同巨人一般，高高地矗立在普罗旺斯的原野上。

- 爱沙尼亚2008年发行一枚邮票，邮票面值0.35欧元，图案描绘了爱沙尼亚的Polma Tuulik风车磨坊，构图匀称，色彩简洁，特征清晰，气势宏伟。

● 摩纳哥1969年11月25日发行一套邮票，共五枚，纪念法国作家都德的短篇小说集《磨坊书简》问世100周年。其中邮票面值0.30法郎，画面中央描绘了都德的画像，左侧描绘了普罗旺斯的风车磨坊，下方以文稿形式描绘了都德短篇小说集《磨坊书简》，著名故事《尊敬的戈歇神父的药酒》、《塞甘先生的山羊》等。

　　《磨坊书简》是都德的成名作。其中头九篇书简1866年8月至11月发表在巴黎的《事件报》上，其中有《阿莱城的姑娘》、《对军营的思念》、《塞甘先生的山羊》、《诗人米斯特拉尔》等。1867年都德和新婚妻子朱莉娅·阿拉尔又回到普罗旺斯，回到当年居住过的磨坊。此后，1868年到1869年间，都德又在《费加罗报》上发表了八篇新的书简：《老人》、《教皇的骡子》、《尊敬的戈歇神父的药酒》等。1873年都德继续在《公益报》上发表了《繁星》、《海关员工》、《三台小弥撒》等五篇作品。

● 摩纳哥1969年11月25日发行一套邮票，共五枚，纪念法国作家都德的短篇小说集《磨坊书简》问世100周年。其中邮票面值0.40法郎，画面描绘了都德在家乡普罗旺斯的废弃老磨坊里安家的奇特情景：皎洁的月光，成群的兔子，沉默的猫头鹰，磨坊底层的屋子，昏暗的油灯等，以及他伏案写作的情景。极限片画面描绘了磨坊小屋简朴而温馨的各种乡土景象，磨坊敞开的门口外，普罗旺斯的夜色朦朦胧胧，有两只小兔从矮树丛中跑过来，竖起长长的耳朵，向屋里好奇地窥视。

由此可知，《磨坊书简》并不是都德一气呵成的作品，而是他在十多年时间里陆续完成的，也可以说是记录了他十多年的感情历程，以及作家对故乡的无比热爱。《磨坊书简》既是小说，更是充满诗情画意的散文，作者用诗一般的语言描绘出普罗旺斯的阳光、山水、风土人情，讲述了动人的传说和神奇的故事，而被尊为法国南方文学的鼻祖。文字中洋溢着温暖与欢乐，即使有哀愁，那也是淡淡的。

● 法国2003年9月20日发行"各地生活风情"系列第二枚小全张，共有十枚邮票，邮票面值都是0.50欧元。其中第六枚，邮票和极限片画面描绘了普罗旺斯村居农舍的建筑风采和居家环境，山石垒的旧屋墙，褪了色的木门窗，屋檐下的葡萄藤，处处散发出轻松而慵懒的生活情调。

《阿莱城的姑娘》是《磨坊书简》中一篇发生在普罗旺斯的爱情故事名作：从我的磨坊往村里去，要经过路边的一个农庄，庄内有个大院落，尽头种着几株榆树。这是普罗旺斯地区典型的农舍，红颜色屋顶，宽大的棕褐色的正门，上面不规则地开了窗眼，在高高的顶楼上，有一枝风向标，院子里有挂着石磨的滑车，还有几捆已经枯黄的干草……

● 法国1973年12月1日发行一枚风信公鸡邮票，邮票面值0.65法郎，邮票和极限片图案描绘了一只绘有麦穗、葡萄、苹果等各种农产品的风向标公鸡，纪念法国国家农业部成立50周年，寓意其对农业发展的引领作用。

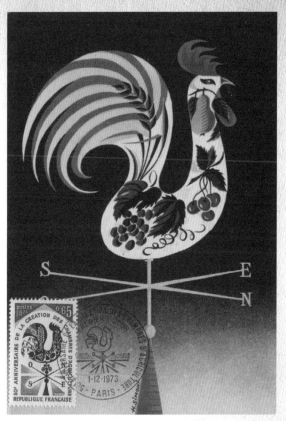

● 美国1998年发行一枚风信公鸡邮票，邮票面值1美分，邮票图案描绘了一只沐浴在阳光中的风向标公鸡，其姿势傲然屹立，雄壮挺拔。

● 风向标是一个不对称形状的物体，重心点固定于垂直轴上。当风吹过时，对空气流动产生较大阻力的一端便会顺风转动，从而显示风向。风向标仪器常安装在屋顶等高处，常采用公鸡、小鸟、小鱼等人们喜闻乐见的动物造型，作为其引人注目的标记。其中采用公鸡造型的风向标最为常见，被称为"风信公鸡"。

昨天，正午时分，我从村里回磨坊，为了躲开烈日，就沿着这个农庄的围墙，在榆树的阴影下行走……庄前的大路上，有几个不声不响的庄丁正在往一辆车上装满干草，然后干草车就摇摇晃晃出发了。我要求赶车人让我搭上他的车，坐在他旁边的草堆上，听到了一个关于这个农庄的心酸故事……

● 罗马尼亚1977年1月20日发行一套绘画艺术邮票，共有六枚，以画家Nicolae Grigorescu（1838—1907）的画作为主题。其中邮票面值55巴尼，画面是画作《干草牛车》。

● 苏联发行的明信片，画面是俄罗斯画家沃罗比约夫·马克西姆尼基福罗维奇（1787—1855）创作于1812年的画作《收割的牧草》，描绘了农夫夫妇正在把干草装上马车的情景。此画现收藏于俄罗斯国家特列季亚科夫画廊。

● 法国2004年7月2日发行一枚绘画艺术邮票，邮票面值75欧分，画面是荷兰画家梵高的画作《麦堆的午后》（La Méridienne d'Après Milletm），描绘了收获季节金色的田野，一对农人夫妇辛勤劳作后，靠在麦堆上小憩的情景。

● 摩纳哥1991年11月7日发行一套邮票，共有三枚，以法国普罗旺斯的泥塑艺术作品为主题。其中邮票面值2.50法郎，画面描绘了普罗旺斯的执政官，他西装革履，大腹便便，雍容华贵，气宇轩昂，一幅大人物的样子；邮票面值3.50法郎，画面描绘了热情洋溢的阿莱城的姑娘；邮票面值4.00法郎，画面描绘了普罗旺斯的村长，他身穿红色制服，头戴黑色礼帽，显得精明能干，富有经验。

　　农庄主儿子的名字叫让，是个特别出色的二十岁青年农民，文静得像个姑娘，身体强壮，眉目开朗。因为他长得很英俊，许多女人都盯着他；但他却情有独钟，那是一个娇小的阿莱城的姑娘，她衣着华丽，打扮花哨，让是在阿莱的市集上认识她的。农庄上的人，起初都不赞成这门亲事，因为，这姑娘妖艳风骚，而她的双亲又都不是本地人。

- 南斯拉夫1988年10月1日发行一套绘画艺术邮票，共有两枚，纪念欧洲青年大会。其中邮票面值1000第纳尔，画面是画家P.Ranosovic的画作《少女肖像》。

- 法国1960年6月11日发行一套著名人物附捐邮票，共有六枚。其中邮票面值0.30法郎/附捐0.10法郎，画面描绘了法国作曲家乔治·比才的画像，以及他的两部杰出歌剧作品，《卡门》和《阿莱城姑娘》的音乐曲谱。极限片图案是普罗旺斯年轻活泼、面露笑靥的阿莱城姑娘。

邮票上的爱情小说

　　但是，让却主意已定，不肯回头，他甚至这么说："如果不让我跟她结婚，那我就去死。"没有别的办法，家人只好满足他这个愿望。婚礼决定在收获之后举行。稍后，一个星期天的晚上，全家人正在院子里用晚餐，气氛就跟结婚宴会差不多，虽然没有新娘子在场，但大家频频举杯为他祝贺……

- 法国1943年12月27日发行一套附捐邮票，共有六枚，以18世纪的法国妇女服饰为主题。其中邮票面值60分/附捐1.30法郎，画面描绘了皮卡(Picardy)地区妇女的传统服饰；邮票面值1.20法郎/附捐2法郎，画面描绘了布列塔尼(Brittany)地区妇女的传统服饰；邮票面值1.50法郎/附捐4法郎，画面描绘了法兰西岛(ILe de France)地区妇女的传统服饰；邮票面值2.40法郎/附捐5法郎，画面描绘了勃艮第(Burgundy)地区妇女的传统服饰；邮票面值4法郎/附捐6法郎，画面描绘了奥弗涅（Auvergne）地区妇女的传统服饰；邮票面值5法郎/附捐7法郎，画面描绘了普罗旺斯(Provence)地区妇女的传统服饰。

● 斯洛文尼亚1997年1月21日发行一枚"爱情"邮票，邮票面值15拉采尔，画面描绘了传说中长着翅膀的爱情小天使，在蓝天白云中自由飞翔，脸上呈现出顽皮的微笑。其中的丘比特手里拿着金色的弓箭，正准备向人世间的芸芸众生射出爱情之箭。

● 位于中欧南部的斯洛文尼亚2005年1月21日发行一枚邮票，邮票面值180拉采尔，以爱情为主题。画面描绘了传说中长着翅膀的爱神丘比特，他脸上呈现顽皮的微笑，在蓝天白云中自由飞翔，手里拿着金色的弓箭，正准备发出爱情之箭。

● 法国2001年1月27日发行一枚情人节邮票小型张，共有五枚相同图案的邮票，邮票面值3.00法郎。邮票形状如同"爱心"的形状，别具匠心。"爱心"图案里装满了各式各样的珠宝首饰，璀璨夺目，寓意爱情源自心灵，爱情珍贵无比。小型张边纸图案描绘了银白色的妇女时装，名贵而典雅。

● 捷克1998年2月4日发行一枚"爱情"邮票，邮票面值4捷克克朗，画面描绘了红色的爱心，以及正在瞄准目标挽弓搭箭的爱神丘比特。

　　突然，大门口出现了一个汉子，他用颤抖的声音，要求与庄主埃斯代维单独说几句话。埃斯代维站起来，跟来人出了大门，这汉子对他说："庄主，您打算让您

邮票上的爱情小说

的儿子与一个女人结婚，但这个女人是个荡妇，这两年以来，她一直跟我相好，我可以提供证据，瞧，这就是我跟她的情书!她的父母全知道真相，早就把她许配给我了；但是，自从您的儿子遇见她以后，她跟她的父母就对我不感兴趣了……然而，我相信，她既然干得出这种背信弃义的事来，将来就不可能给您儿子当一个安分守己的人妻。"说完，他就走了。做父亲的不动声色回到院子里，他重新入席。晚餐在欢乐之中结束……

当天夜里，埃斯代维庄主与他的儿子一同到田野里遛弯儿，他们在外边待了很长时间。当他们回到家里时，做母亲的仍在等候。"孩子的娘，"庄主一边对她说，一边把儿子领到她跟前，"你亲亲这孩子吧，他是个不幸的人……"

● 法国1995年11月25日发行一套小本票，共有六枚邮票，邮票面值都是2.80法郎，以普罗旺斯的民间陶塑为主题，描绘了当地的各种人物形象。其中第一枚，画面描绘了一位怀抱羊羔的牧羊人；第二枚，画面描绘了一位骑驴送粮的磨坊主；第三枚，画面描绘了民间的打鼓手和欢乐的观赏者；第四枚，画面描绘了胸有成竹的女鱼贩；第五枚，画面描绘了技能精湛的磨刀匠；第六枚，画面描绘了一对在路上相互扶持的老年夫妇，展现了"死生契阔，与子成说。执子之手，与子偕老"的感人意境。两枚小本票附票的图案描绘了普罗旺斯山势起伏蜿蜒、绿树苍翠葱茏、房舍错落有致、田园纵横阡陌的美丽风光。

● 法国1977年4月23日发行一枚欧罗巴“风光”专题邮票的极限片，画面描绘了普罗旺斯独特的乡村风情，蓝天高高远远，田园五色斑斓；村居前前后后，楼宇错落有致；绿树疏疏密密，草香随风飘荡；小路弯弯曲曲，顽童三两成群。

　　让从此绝口不谈阿莱姑娘。但是，他仍然一直爱着她，而且，自从有人告诉他这女人曾在另一个男人怀里躺过以后，他反倒更爱她了。只不过，他因为生性矜持所以沉默不语，经常整天整天地独自待在一个角落里，一动也不动。另一些日子，他又跑到地里去拼命干活，一个人干的活常超过十个零工……到了傍晚，他常沿着通向阿莱城的大路，一直走到夕阳中可以看到城里尖形教堂林立的地方。到此，他就往回走，从来不走进城去。

● 加纳1991年8月12日发行一套绘画艺术邮票，共有8枚邮票，以法国画家梵高的画作为主题。其中邮票面值20塞地，画面是画作《收割小麦的农人》；邮票面值50塞地，画面是画作《小麦脱粒的农人》；邮票面值60塞地，画面是画作《捆绑小麦的农人》；邮票面值600塞地，画面是画作《正在劈柴的农人》。

从这天起，让改变了生活方式，为了使父母宽心，让总装出快快活活的样子。人们看见他常去舞会、小酒馆、节日集会。在丰维叶尔的选举庆典上，他还领头跳起了法兰多拉舞。他父亲说："孩子的病已经好了。"而母亲则不然，她仍然忧心忡忡，并且更加密切地关注着儿子……让跟他弟弟的卧室紧靠着养蚕房。可怜的母亲就在他们隔壁的房里支起一张床……说是蚕宝宝夜间可能需要她来照料。

Evening: The End of the Day
Vincent Van Gogh 1853 – 1890

GHANA   ¢800

● 加纳1991年8月12日发行二枚绘画艺术邮票小型张，邮票面值都是800塞地，以法国画家梵高的画作为主题。其中第二枚，画面是画作《日落时分》。

邮票上的爱情小说

● 法国1977年11月26日发行一套红十字附捐邮票，共有二枚，以普罗旺斯人物为主题。其中邮票面值80分/附捐20分，画面描绘了一名饱经风霜的农家老人；邮票面值1.00法郎/附捐25分，画面描绘了一名操劳一生的农家老妇。

● 法国2007年发行一枚绘画艺术邮票，邮票面值0.86欧元，画面是法国印象派画家保罗·塞吕西耶（Paul Sérusier，1864—1927）的画作《花的屏障》，描绘了富有诗意的乡村小景。

　　圣埃洛瓦的节日到了，整个农庄一片欢腾……大家都可以到新楼里去开怀畅饮，美酒丰盛，如大雨倾泻。接着，放鞭炮，看焰火，榆树上挂满了彩灯……圣埃洛瓦万岁！大家拼命跳法兰多拉舞，小弟烧坏了他的罩衫……让也显得兴高采烈。他还主动邀母亲共舞，这可怜的老太太感动得流下了眼泪。

● 爱尔兰1987年8月27日发行一套节庆邮票，共有四枚。其中邮票面值24便士，画面描绘了Ennis的
Fleadh Nua民间节日，邮票和极限片画面描绘了张灯结彩的小镇，欢度节日的男女老少在大街小
巷载歌载舞的生动情景。邮票面值28便士，邮票和极限片画面描绘了Tralee的"节日王后"民间节
日，邮票和极限片画面描绘了头戴王冠、手捧鲜花的"节日王后"在舞台上向大家致意的情景。

● 意大利2012年发一套邮票，共有二枚，邮票
面值都是0.60欧元，以民间节庆为主题。其
中第一枚，画面描绘了Agnone节庆情景；
第二枚，画面描绘了举行狂欢节的情景。

● 意大利2010年发行一套邮票，共有二枚，面值
都是0.60欧元，以民间节庆为主题。其中第一
枚，画面描绘了Sartiglia节庆情景；第二枚，画
面描绘了举行狂欢节的情景。

● 比利时1990年12月3日发行一套绘画艺术邮票，共有三枚，以比利时画家小达维德·特尼尔斯
（David Teniers，1610—1690）的画作为主题。其中面值14比利时法郎，邮票图案是画作《舞蹈者》，描绘了乡村男女老少载歌载舞的欢乐情景。特尼尔斯是一位出色的风俗画家，常以农民和普通市民为自己的艺术主人公，描绘社会底层大众的生活场景和形象，其画作富有浓郁的乡土气息。

　　午夜时分，大家都去睡觉。人人都困得厉害……却不能入眠。小弟后来追述说，整个夜晚，他都哭个不停……唉，我告诉你们吧，他真是伤心极了，我的哥哥……第二天一清早，他母亲听见有人跑出了房间，她顿时有一种不祥的预感。让已经上了谷仓，他妈也跟着上去在后面叫道："我的儿子，看在上帝的分上！"他把谷仓的门一关，扣上了门闩。母亲摸索着，她老迈的双手直发抖，她在找门上的插闩……突然，谷仓的一扇窗子打开了，猛然一声人体摔在院子里石板地上的巨响，事情就这么完了……那天早晨，村里的人都在互相询问，在埃斯代维农庄那边，是谁在那里哀号……这就是在农庄的院子里，那位母亲坐在一张满是露水与鲜血的石头桌子前，抱着她死去的孩子，在放声痛哭。

Farmhouse in Provence
ANTIGUA & BARBUDA $5
Vincent VAN GOGH 1853—1890

● 安提瓜和巴布达1991年5月13日发行一套绘画艺术邮票，共有十二枚邮票和三枚小型张，荷兰印象派画家梵高的画作为主题。其中第二枚小型张邮票面值5东加勒比元，画面是画家的画作《普罗旺斯的农庄》。

● 法国1960年6月11日发行一套著名人物附捐邮票，共有六枚。其中邮票面值0.30法郎/附捐0.10法郎，画面描绘了法国作曲家乔治·比才的画像，以及他的两部杰出歌剧作品，《卡门》和《阿莱城姑娘》的音乐曲谱。

　　都德在小说中致力于对普罗旺斯性格的发掘与刻画，他十分欣赏普罗旺斯人身上重感情而不重功利的品质，在他笔下出现了不止一个感情炽烈、不计后果的故事人物。法国作曲家乔治·比才（Georges Bizet，1838—1875）是全球上演率最高的歌剧《卡门》的作者。他把鲜明的民族色彩，富有表现力的交响音乐，以及法国的喜歌剧传统的表现手法熔于一炉，创造了19世纪法国歌剧的最高成就。1872年，他为都德根据《阿莱城姑娘》小说改编的同名戏剧谱曲，成为优秀的代表作流传至今。

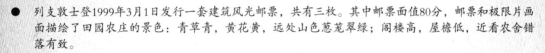

● 列支敦士登1999年3月1日发行一套建筑风光邮票，共有三枚。其中邮票面值80分，邮票和极限片画面描绘了田园农庄的景色：青草青，黄花黄，远处山色葱茏翠绿；阁楼高，屋檐低，近看农舍错落有致。

13

都德

《繁星》

邮票上的爱情小说

Youpiaoshang De Aiqingxiaoshuo

《繁星》是一篇富有诗情画意的小说，宛如一首高雅清新的牧歌，展示着优美的人性光辉。故事描写了一个牧童（小说中的"我"），默默爱慕着农庄主人的女儿丝苔法奈特，但只能怀着没有希望的恋情，孤独地待在放牧的高山上。

　　在吕贝龙山上看守羊群的那些日子里，我常常一连好几个星期看不到一个人影，孤单单地和我的狗拉布里以及那些羔羊待在牧场里。因此，每隔十五天，当我们田庄上的驴子给我驮来半个月的粮食的时候，只要我听到在山路上响起了那牲口的铃铛声，看见在山坡上慢慢露出田庄上那个小伙计活泼的脑袋，或者诺拉德老姊那顶赭红色的小帽，我简直就快活到了极点。我总要他们给我讲山下的消息，洗礼啦，婚礼啦，等等。

邮票上的爱情小说

● 法国2006年3月25日发行"各地生活风情"系列第七枚小全张，共有十枚邮票，邮票面值都是0.53欧元。其中第九枚，画面描绘了山村牧人放羊的情景。

● 法国2006年4月22日发行一套邮票，共有四枚，以幼小动物为主题。其中邮票面值0.82欧元，邮票和极限片画面描绘了一只小白羊站立在春色烂漫的山坡上，四周嫩绿的青草葱茏一片，金黄的野花星星点点。

● 新西兰1982年6月2日发行一套邮票，以四季景色为主
题。其中邮票面值70分，画面描绘了春天的草原景
色：绿草如茵，黄花星星点点，羊群时隐时现，宛如
白云飘动。

● 冰岛2001年4月18日发行牧羊犬邮票一套，
共有两枚。其中邮票面值40.00冰岛克朗，
邮票图案描绘了一条栗色牧羊犬，富有表
情，卷尾可达背部；邮票面值80.00冰岛克
朗，邮票图案描绘了一条活泼机敏的黑色
牧羊犬。

● 罗马尼亚1977年1月20日发行一套绘画邮票，其中邮票面值3.40列伊，邮票图案是画家格里高莱斯
库（1838—1907）的著名画作《牧羊人》。画面中一位淳朴山民服饰的牧羊人站立在山坡上，在逆
光背阳的朦胧氛围中，人物气质和风格粗犷而豪爽。

　　而我最关心的就是斯苔法奈特最近怎么样了，她是我们田庄主人的女儿，方
圆十里以内最漂亮的姑娘。我并不显出对她特别感兴趣，装做不在意的样子打听她
是不是经常参加节庆和晚会，是不是又新来了一些追求者。而如果有人要问我，像
我这样一个山沟里的牧童打听这些事情有什么用，那我就会回答说，我已经二十岁
了，斯苔法奈特是我一生中所见过的最美的姑娘。

- 中国1977年3月15日发行一套普通邮票，共有十四枚。其中邮票面值1.5分，画面描绘了一望无际的绿色草原，高低起伏的繁茂森林，以及草原上放牧的白色羊群。

- 法属安道尔1979年7月7日发行一枚邮票，邮票面值1.70法郎，纪念国际儿童年。图案描绘了苍翠的青山，碧绿的草地，雪白的羊羔，以及淳朴的牧童。

- 列支敦士登2008年3月3日发行一套邮票，共有两枚。其中邮票面值2.60瑞士法郎，画面描绘了绿色葱茏的山林和怪石嶙峋的山峰；邮票面值3.00瑞士法郎，邮票和极限片画面描绘了高山牧草的绮丽景色：山岭巍峨绵延不断，草原辽阔一望无边。松柏处处挺拔苍翠，草色斑斓深深浅浅。小屋孤寂牧人何在？草坡青青宁静一片。坡上坡下山羊几只，疑是白云飘落人间。

255

可是，有一次碰上礼拜日，那一天粮食来得特别迟。将近中午的时候，下了一场暴雨，我猜测，路不好走，驴子一定还没有出发。最后，大约在下午三点钟的光景，天洗涤得透净，满山的水珠映照着阳光闪闪发亮，在叶丛的滴水声和小溪的涨溢声之中，我突然听见驴子的铃铛在响，它响得那么欢腾，就像复活节的钟群齐鸣一样。

● 葡萄牙亚速尔群岛2007年发行一枚邮票小型张，共有两枚邮票，邮票面值分别是0.45欧元和2.00欧元，画面描绘了岛上风车磨坊的风采。小型张画面描绘了屹立海边的风车磨坊，以及运送物品的小毛驴。

● 摩纳哥1990年10月17日发行一套邮票，共有三枚，以法国普罗旺斯的泥塑艺术作品为主题。其中邮票面值2.30法郎，画面描绘了骑着小毛驴的磨坊工，他身穿白色衣衫，腰里系着红色腰带，身后放着装满小麦的粮袋，显得心满意足，喜悦开怀。邮票面值3.20法郎，画面描绘了打柴归来的农妇；邮票面值3.80法郎，画面描绘了红光满面的面包师，他一身厨师打扮，肩上扛着一筐烘烤出炉的面包。

- 上沃尔特1981年12月22日发行一套动物邮票，共有五枚。其中邮票面值10非共体法郎，画面描绘了一头灰褐色的小毛驴，它头大耳长，腿短蹄小，体质健壮，听从使命。

- 瑞士1991年1月15日发行一枚动物邮票，邮票面值170瑞士分，画面描绘了一只稚气可爱的小毛驴。

- 希腊1975年5月10日发行一套欧罗巴"绘画"专题邮票，共有三枚，以画家Theophilos Hatzimichael的画作为主题。其中邮票面值11德拉马克，画面是画作《戴着草帽的少女》：红裙少女亭亭玉立，白羊黑羊左右相伴。树林青青流水潺潺，田园美丽牧歌悠扬。

- 芬兰1973年9月12日发行一套绘画艺术附捐邮票，共有三枚。其中邮票面值0.30芬兰马克/附捐0.05芬兰马克，画面是画家Hugo Simberg的画作《怀抱羊羔的少女》。

　　但骑驴来的不是那个小伙计，也不是诺拉德老婶。而是……瞧清楚是谁！是我们的姑娘！她亲自来了，她端端正正地坐在柳条筐之间，山上的空气和暴风雨后的清凉，使她脸色透红，就像一朵玫瑰。小伙计病了，诺拉德婶婶到孩子家度假去了。漂亮的斯苔法奈特一边从驴背上跳下来，一边告诉我，还说，她来迟了，是因为在途中迷了路。但是，瞧她那一身节日打扮，花丝带、鲜艳的裙子和花边，哪里像刚在荆棘丛里迷过路，倒像是从舞会上回来得迟了。啊，这个娇小可爱的姑娘！我一双眼睛怎么也看她不厌。

- 罗马尼亚1977年1月20日发行一套绘画艺术邮票，共有六枚，以画家Nicolae Grigorescu（1838—1907）的画作为主题。其中邮票面值1.50列伊，画面是画作《女牧童》，她洁白的头巾，洁白的衣裙，宛如一片天上的白云，飘落在青绿的草地。

　　我从来没有离这么近地看过她。在冬天，有那么几回，当羊群下到了平原，我回田庄吃晚饭的时候，她很快地穿过厅堂，从不和下人说话，总是打扮得漂漂亮亮，显得有一点骄

傲……而现在，她就在我的面前，完全为我而来。这怎么不叫我有些飘飘然？她从篮筐里把粮食拿出来后，马上就好奇地观察她的周围，又轻轻地把漂亮的裙子往上提了提，免得把它弄脏，她走进栏圈，要看我睡觉的那个角落，稻草床、铺在上面的羊皮、挂在墙上的大斗篷、牧杖与火石枪，她看着这一切很开心。

"那么，你就住在这里啰，我可怜的牧童？你老是一个人待在这里该多烦呀！你干些什么？你想些什么？你的女朋友呢，牧童，她有时也上山来看你吗？……她一定就是金山羊，要不然就是只在山巅上飞来飞去的仙女埃丝泰蕾尔……"她跟我说话的时候，仰着头，带着可爱的笑容和急于要走的神气。然后，她走了，带着她的空篮子。当她在山坡的小路上消失的时候，我似乎觉得驴子蹄下滚动的小石子，正一颗一颗掉在我的心上。我好久好久听着它们的响声；直到太阳西沉，我还像在做梦一样待在那里，一动也不敢动，唯恐打破我的幻梦。

● 新西兰1981年6月3日发行一套邮票，共有四枚，以河流景色为主题。其中邮票面值30分，画面描绘了Kaiauai河流景色；邮票面值35分，画面描绘了 Mangahao河流景色；邮票面值40分，画面描绘了Shotover河流景色；邮票面值60分，画面描绘了 Cleddau河流景色。

　　傍晚时分，当山谷深处开始变成蓝色，羊群咩咩叫着回到栏圈的时候，我听见有人在山坡下叫我，接着就看见我们的姑娘又出现了，这回她可不像刚才那样欢欢喜喜，而是因为又冷又怕、身上又湿，正在打战。显然她在山下碰上了索尔格河暴雨之后涨水，在强渡的时候差一点被淹没了。可怕的是，这么晚了，她根本不可能回田庄了，要在山上过夜这个念头使她非常懊恼，我尽量使她安心："在七月份，夜晚很短，女主人……这只是一小段不好的时光。"

● 列支敦士登2006年9月4日发行一套邮票，共有三枚，邮票面值分别是85分、1.30瑞士法郎和2.40瑞士法郎，画面描绘了高山草原的绮丽风光。

- 列支敦士登2007年9月3日发行一套邮票，共有三枚，邮票面值分别是1.00瑞士法郎、1.40瑞士法郎和2.20瑞士法郎，画面描绘了高山草原的美丽景色。

- 索马里2002年发行一枚邮票小全张，共有九枚邮票，邮票面值都是1000索马里先令，以法国印象派画家雷诺阿的作品为主题。其中第三枚，画面是画家1879年的画作，描绘了一名面容清秀的美丽少女，是画家最具有印象派风格的肖像画之一。画像中的少女纯真、恬静、优雅，面带几分羞怯。她一头金棕色的长发柔软蓬松，垂到胸前和腰际，身穿一套淡蓝色的衣裙，头上扎着小蝴蝶结。她脸色有点苍白，大眼睛忧郁地看着前方，显得心事重重。

　　我马上燃起了一大堆火，好让她烤干她的脚和她被索尔格河水湿透了的外衣。接着，我又把牛奶和羊奶酪端到她的面前。但是这个可怜的小姑娘既不想暖一暖，也不想吃东西，看着她流出了大颗大颗的泪珠，我自己也想哭了。夜幕已经降临。只有一丝夕阳还残留在山巅之上。我请姑娘进到"栏圈"去休息。我把一张崭新漂亮的羊皮铺在新鲜的稻草上，向她道了晚安之后，就走了出来坐在门口……

- 法国2004年3月20日发行"各地生活风情"系列第三枚小全张，共有十枚邮票，邮票面值都是0.50欧元。其中第四枚，邮票画面描绘了闻名遐迩的法国面包。

- 法国2003年5月24日发行"各地生活风情"系列第一枚小全张，共有十枚邮票，邮票面值都是0.50欧元。其中第四枚，邮票画面描绘了法国奶酪（Camembert cheese）。

邮票上的爱情小说

上帝可以作证，虽然爱情的烈火把我身上的血都烧沸腾了，可我并没有起半点邪念。我想着：东家的女儿就躺在这个"栏圈"的一角，靠近那些好奇地瞧着她熟睡的羊群，就像一只比它们更洁白更高贵的绵羊，而她睡在那里完全信赖我的守护，这么想着，我只感到无比的骄傲。我这时觉得，天空从来没有这么深沉，群星也从来没有这么明亮……

● 卢森堡2009年发行一套欧罗巴"天文"专题邮票，共有两枚。其中邮票面值0.50欧元，画面描绘了青年男女在夜色朦胧中一起观看星星的情景。巨大的天幕漆黑而深沉，神秘的星星时现而时隐，浪漫的流星飘忽而短暂，宁静的夜空可望而不即。

● 冰岛2009年发行一套欧罗巴专题"天文"邮票，共有两枚。其中邮票面值140冰岛克朗。画面描绘了夜空中群星生辉的灿烂景象，以及建于1789年的天文观测台。

● 阿尔巴尼亚1964年6月27日发行一套邮票，共有四枚，以月亮为主题。其中邮票面值1列克，画面描绘了一轮金黄的圆月；邮票面值5列克，画面描绘了一轮弯弯的新月；邮票面值8列克，画面描绘了一轮羞涩的半月；邮票面值11列克，画面描绘了消蚀的月亮。

● 芬兰2009年发行一套欧罗巴"天文"专题邮票，共有两枚，邮票面值都是0.80欧元。两枚邮票的图案相互衔接，描绘了在芬兰的湖边观察宇宙和星辰的奇妙景象。月色朦胧，在湖面上投下树林的倩影；飞鸟振翅，在天幕里飘荡生命的旋律；星空灿烂，在宁静中呈现神奇的世界。

突然，"栏圈"的栅门打开了，美丽的斯苔法奈特出来了。她睡不着。羊儿动来动去，使稻草沙沙作响，它们在梦里还发出叫声。她宁愿出来烤烤火。看她来了，我赶快把自己身上的羊皮披在她肩上，又把火拨得更旺些，我俩就这样靠在一起坐着，什么话也不讲。如果你有在迷人的星空下过夜的经验，你当然知道，正当人们熟睡的时候，在夜的一片寂静之中，一个神秘的世界就开始活动了。这时，溪流歌唱得更清脆，池塘也闪闪发出微光。山间的精灵来来往往，自由自在；微风轻轻，传来种种难以察觉的声音，似乎可以听见枝叶在吐芽，小草在生长。

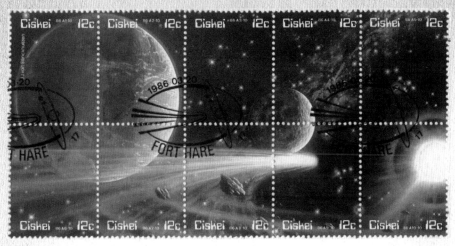

● 南非西斯凯1986年3月20日发行一套以"哈雷彗星"为主题的邮票，共有十枚，邮票面值都是12分。这些邮票的图案相互衔接，构成一幅完整的图案，描绘了哈雷彗星经过地球的壮观情景。哈雷彗星（Halley's comet）由英国天文学家哈雷在1704年最先算出它的轨道而得名，每隔76年它回归一次，是夜空中最著名的彗星。在茫茫宇宙空间，哈雷彗星犹如一道光彩夺目的闪电，拖着一条漂亮的长"尾巴"，姿势雄伟，神采奕奕。

● 捷克1998—2000年发行一套黄道十二星座邮票，共有十二枚。其中邮票面值40赫勒，画面描绘了双鱼座；面值1捷克克朗，画面描绘了摩羯座；面值2捷克克朗，画面描绘了处女座；面值5捷克克朗，画面描绘了金牛座；面值5.40捷克克朗，画面描绘了天蝎座；面值8捷克克朗，画面描绘了巨蟹座；面值9捷克克朗，画面描绘了天秤座；面值10捷克克朗，画面描绘了水瓶座；面值12捷克克朗，画面描绘了狮子座；面值17捷克克朗，画面描绘了双子座；面值20捷克克朗，画面描绘了射手

座；面值26捷克克朗，画面描绘了白羊座。二千多年前希腊的天文学家希巴克斯（Hipparchus，公元前190—前120）为标示太阳在黄道上观行的位置，将黄道带分成十二个区段，以春分点为0°，自春分点（即黄道零度）算起，每隔30°为一宫，并以当时各宫内所包含的主要星座来命名，依次为白羊、金牛、双子、巨蟹、狮子、室女、天秤、天蝎、人马、摩羯、宝瓶、双鱼等宫，称之为黄道十二宫。

● 俄罗斯2004年4月21日发行一套黄道十二星座（Zodiac Signs）邮票，共有十二枚，邮票面值都是5.00卢布。其中第一枚，画面描绘了白羊座（Aries）；第二枚，画面描绘了狮子座（Leo）；第三枚，画面描绘了射手座（Sagittarius）；第四枚，画面描绘了双子座（Gemini）；第五枚，画面描绘了天秤座（Aquarius）；第六枚，画面描绘了水瓶座（Libra）；第七枚，画面描绘了魔羯座（Capricorn）；第八枚，画面描绘了金牛座（Taurus）；第九枚，画面描绘了处女座（Virgo）；第十枚，画面描绘了双鱼座（Pisces）；第十一枚，画面描绘了巨蟹座（Cancer）；第十二枚，画面描绘了天蝎座（Scorpio）。

● 摩纳哥1994年1月7日发行一套邮票，共有四枚，邮票面值都是2.80法郎，以国家博物馆馆藏的古典机械玩偶为主题。其中第三枚，画面描绘了怀抱小羊羔的女牧童。这套邮票是瑞典著名邮票雕刻师琴斯劳·斯拉尼亚（Czeslaw Slania，1921—2005）的作品，雕刻细腻，刻画生动。

白天，是生物的天地，夜晚，就是无生物的天地了。要是一个人不常在星空下过夜，夜就会使他感到害怕……所以，我们的小姐一听见轻微的声响，便战栗起来，紧紧靠在我身上。有一次，从下方闪闪发亮的池塘发出了一声凄凉的长啸，余音缭绕，直向我们传来。这时，一颗美丽的流星越过我们的头顶坠往啸声的方向，似乎我们刚才听见的那声音还携带着一道亮光。

"这是什么？"斯苔法奈特轻声问我。

"女主人，这是一个灵魂进入了天国。"我回答她，画了一个十字。

她也画了一个十字，抬着头，凝神片刻，对我说：

"这是真的吗？牧童，你懂巫术吗？你们这些人都懂吗？"

"没有的事！我的小姐。不过，我们住在这里，离星星比较近，所以对天上发生的事比山下的人知道得更清楚。"

她一直望着天空，用手支着脑袋，身上裹着羊皮，就像天国里的一个小牧童。

"瞧！那么美！我从来没有见过这么多星星……牧童，你知道这些星星的名字吗？"

"知道，小姐……你瞧，在我们头顶上的是'圣雅各之路'（银河）。它从法国直通西班牙。这是加里斯的圣雅各在正直的查理大帝与阿拉伯人打仗的时候，为了给他指路而标出来的。再远一点，你可以看见'灵魂之车'（大熊星座）和它四个明亮的车轴。走在前面的三颗星是三头牲口，对着第三颗的那一颗很小的星星，就是车夫。"

● 挪威2007年发行一套圣诞节邮票，共有两枚，邮票面值都是A（6.00挪威克朗）。其中第二枚，画面描绘了圣诞时节的夜空景色，月色如水，星光灿烂。

● 英国2000年1月18日发行一套千禧年系列邮票，共有四枚。其中邮票面值26便士，以国家空间研究中心为主题。画面描绘了乌黑深沉的广漠夜空中，星云密布、星转斗移，星光灿烂、星月交辉。

● 瑞士1996年11月26日发行一套附捐邮票，共有四枚。其中第一枚邮票面值70分/附捐35分，画面以圣诞景色为主题，描绘了星斗满天、星光灿烂的圣诞夜空。

● 印度2008年发行一枚儿童绘画邮票小型张，共有三枚邮票，邮票面值都是5.00卢比。其中第二枚，画面描绘了富有想象力的情景：星空灿烂，弯月如钩，父母带着孩子神游九天，坐在了明晃晃的月牙之上，观赏着夜空的奇妙景色。

● 博茨瓦纳2009年发行一套邮票，共有四枚，以夜空景色为主题。其中邮票面值1.10普拉，画面描绘了夜空中忽明忽暗的星辰；邮票面值2.60普拉，画面描绘了夜空中偶尔陨落的流星；邮票面值4.10普拉，画面描绘了夜空中阴晴圆缺的月亮；邮票面值4.90普拉，画面描绘了夜空中星月交辉的奇观。

● 斯洛文尼亚2009年发行一套欧罗巴"天文"专题邮票，共有两枚。其中邮票面值0.45欧元，画面描绘了父亲带着孩子观察夜空的星星，一颗流星的陨落在天幕上划了一条长长的弧线。邮票面值0.92欧元，画面描绘了天文台和布满星辰的夜空。

　　"你看见周围那一大片散落的小星吗？那都是仁慈的上帝不愿意接纳进天国的灵魂……稍微低一点，那是'耙子'或者叫'三王'，这个星座可以给我们牧人们当时钟，我现在只要朝它一望，就知道已经过了午夜时分。……不过，所有这些星星中最美的一颗，是我们自己的星，那就是'牧童的星'。每天清晨，当我们赶出羊群的时候，它照着我们，而到晚上，当我们驱回羊群的时候，它也照着我们。我们还把它叫做'玛格洛娜'，美丽的玛格洛娜追在'普罗旺斯的皮埃尔（土星）的后面，每隔七年就跟它结一次婚。""怎么！牧童，星星之间也有结婚的事？""有的，小姐。"

　　正当我想向她解释星星结婚是怎么一回事的时候，我感到有件清凉而柔细的东西轻轻地压在我的肩上。原来是她的头因为瞌睡而垂了下来，那头上的丝带、花边和波浪似的头发还轻柔可爱地紧挨着我。她就这样一动也不动，直到天上的群星发白，在初升的阳光中消失的时候。而我，我瞧着她睡着了，心里的确有点激动，但是，这个皎洁的夜晚只使我产生美好的念头，我得到了它圣洁的守护。在我们周围，群星静静地继续它们的行程，柔顺得像羊群一样。有时，我会这样想象：星星中那最秀丽、最灿烂的一颗，因为迷了路，停落在我的肩上睡觉。

- 英国1987年11月17日发行一套圣诞邮票，共有五枚。其中邮票面值26便士，画面描绘了一个小男孩在圣诞夜做了一个甜蜜的梦，梦见了圣诞老人乘坐驯鹿拉的雪橇在夜空中疾驰，正在送来圣诞礼物？还是梦见了满天的星斗，发出璀璨的光芒，来到了自己身边？

3,00

14

莫泊桑
《漂亮朋友》

邮票上_的爱情小说

Youpiaoshang De Aiqingxiaoshuo

长篇小说《漂亮朋友》是基·德·莫泊桑（Guy de Maupassant, 1850—1893）的代表作之一。他是19世纪后半期法国优秀的现实主义作家，与俄罗斯作家契诃夫和美国作家欧·亨利并称世界三大短篇小说巨匠，对后世产生深远影响，被誉为"短篇小说之王"。他1850年出生于法国西北部诺曼底（Normandie）的一个衰落的贵族之家。

● 法国1993年4月24日发行一套著名人物附捐邮票，共有六枚，邮票面值都是2.50法郎/附捐0.50法郎。其中第一枚，画面描绘了法国作家莫泊桑的画像，纪念他逝世100周年。他卷曲的短发犹如文笔的简练，凹陷的双眼深藏人生的洞察，浓黑的双眉折射创作的严谨，浓密的胡须蕴含故事的跌宕。

● 圣马力诺1993年9月17日发行一套著名人物邮票，共有四枚。其中邮票面值1850里拉，画面描绘了法国作家莫泊桑的画像，纪念他逝世100周年。

● 法国1998年6月6日发行一枚邮票，邮票面值3.00法郎，画面描绘了诺曼底著名的风景名胜圣米歇尔山（Mont Saint-Michel）。它耸立在诺曼底的海面上，由礁盘岩石和中世纪的房舍、围墙、城堡和修道院所组成，将大自然的巧夺天工与人类的智慧毅力系于一身。

　　诺曼底海岸线逶迤600公里，其形态或舒缓平坦，或礁盘嶙峋，或悬崖兀立。蜿蜒曲折的岸线、铺满鹅卵石的海湾、柔软温凉的沙滩、静谧安详的渔港，以及从海边向内陆徐徐展开的森林、河流、牧场、果园，以及在教堂尖顶掩映下的村镇城乡，使诺曼底成为一块恬静乐土，一方世外桃源。

● 法国1978年1月21日发行一枚地方风光邮票，邮票面值1.40法郎，邮票和极限片画面描绘了上诺曼底的海岸景色。诺曼底分为两个大区：上诺曼底和下诺曼底。上诺曼底位于法国北部，著名的塞纳河穿流其间，地形以巴黎盆地平坦低地为主，土质肥沃、气候温暖，降水充沛、风景秀丽，其首府是鲁昂市。

● 法国2004年9月18日发行"各地生活风情"系列第四枚小全张，共有十枚邮票，邮票面值都是0.50欧元。其中第一枚，邮票和极限片画面描绘了诺曼底富有特色的农舍村居建筑。

● 美国2001年2月1日发行一枚邮票小全张，共有
二十枚邮票，邮票面值都是34美分，以图书插
图艺术为主题。其中第十二枚，画面是画家
Jessie Willcox Smith的画作《第一课》（The First
Lesson），描绘了一位母亲正在专心致志地教孩
子识字的情景。

莫泊桑的母亲聪慧绝伦，温文尔雅，
酷爱文学艺术，与著名作家福楼拜是莫逆
之交。10岁时，莫泊桑就开始听母亲为他
朗读莎士比亚的作品，他的不少短篇都是
母亲为他提供的题材。即便在他成名以
后，母亲仍是他的忠实读者和直言不讳的
批评者。后来，莫泊桑就读于鲁昂的高乃
依中学，文学修养得到长足的进步，诗人
和戏剧家路易·布耶和作家福楼拜是他的
文学导师。

● 苏联1964年发行的明信片，画面是俄罗斯画家科琳娜·亚历克西斯（1865—1923）的画作《一
本书》，画面描绘了一位母亲正在为男孩朗读书籍的情景，现收藏于哈巴罗夫斯克的远东艺术
博物馆。

● 法国1972年1月22日发行一枚绘画艺术邮票，邮票面值1.00法郎，画面是法国画家让·奥诺雷·弗
拉戈纳尔1769年的画作《研读》。画家以诗人的眼光抒情地描绘了画面中一名正在阅读书籍的贵族
女子，线条柔和轻快，服饰富有质感，形象鲜活，神态动人。

1869年莫泊桑进入巴黎大学法学院攻读法律，后来普法战争爆发，莫泊桑手持猎枪，深入密林展开游击活动。在这场灾难中，他耳闻目睹了法军可耻的溃败、当权者与有产者的卑劣，以及人民的爱国主义热情与英勇抗敌的事例，感触很深。从1872年起，莫泊桑定居巴黎，先后结识了左拉、屠格涅夫等著名文学家。1876年左拉、莫泊桑、阿莱克西等人成立了自然主义文学集团，文学史称其为"梅塘集团"。莫泊桑倡议每人以普法战争为题材写一篇小说，1880年结集出版，取名为《梅塘之夜》，莫泊桑的成名作《羊脂球》即在其中。小说《羊脂球》震撼了巴黎文坛，莫泊桑的文学生涯自此开始。莫泊桑的传世佳作大多是在1880—1890这十年间创作的，他一生共写了三百五十多篇中短篇小说、六部长篇小说和三部游记。

　　长篇小说《漂亮朋友》中的乔治·迪鲁瓦是个诺曼底乡镇酒店老板的儿子，在巴黎一个铁路局里当职员，每月收入很低。但他外表端庄，天生英俊，加上过去在军队里做过士官，看上去很有风度。这是巴黎六月的一天晚上，迪鲁瓦在巴黎的街头无聊地闲逛，经过歌舞剧院后停在咖啡馆门口，很想进去喝一杯啤酒，碰巧还能遇到风流艳情，可是囊中羞涩。

● 法国1998年9月19日发行一枚邮票，邮票面值4.50法郎，以巴黎的卡尼尔歌剧院（Garnier Opera House）为主题。画面以抽象的笔法和构图描绘了金色的舞台、红色的帷幕、悦耳的乐器和优美的舞姿，弘扬这座著名剧院的艺术风采和魅力。

● 法国2010年发行一枚欧洲首都系列邮票小全张，共有四枚邮票，邮票面值都是0.58欧元，图案以法国首都巴黎为主题。其中第三枚，画面描绘了加尼埃歌剧院的建筑风采。

● 法国2006年6月18日发行一枚邮票，邮票面值0.53欧元，纪念在巴黎举行的法国集邮联合会第79届年会。画面描绘了巴黎的卡尼尔歌剧院（Garnier Opera House）。该剧院是世界上最大的抒情剧场，其设计将古希腊罗马式柱廊与巴洛克式建筑风格完美地糅合在一起，规模宏大，精美细致，金碧辉煌，被誉为是一座绘画、大理石和金饰交相辉映的剧院。

邮票上的爱情小说

当他走到歌剧院拐角的时候，偶然遇见了一个胖胖的青年男子，隐隐约约觉得很面熟。他极力思索，不由得高声喊道："哎，福雷思蒂埃！"原来，那人正是迪鲁瓦在第六轻骑兵团服役时认识的亲密朋友，现在是《法兰西生活报》报社的主编福雷思蒂埃。福雷思蒂埃与以前相比，已经彻底变了样，衣着体面，风度翩翩，而且信心十足，大腹便便，显然是个酒足饭饱的成功人士。看到当年的老朋友如此落寞寒酸，福雷思蒂埃便邀请他参加自己春风得意的新闻事业，带他去了报社和咖啡馆，还去了巴黎灯红酒绿的牧羊女游乐场。该游乐场是巴黎社会中最稀奇古怪的大杂烩，几乎什么人都有。其中有很多人吞云吐雾，缕缕白烟汇成淡淡的雾气，积聚天花板下。三个一群、五个一伙的风尘女子混在男人堆里，打扮得花枝招展。

● 苏联1957年发行的明信片，图案是画家鲁达科夫·康斯坦金伊万诺维奇（1891—1949）为莫泊桑小说《漂亮朋友》所绘的版画作品插图，描绘了迪鲁瓦跟着福雷思蒂埃进了疯狂的牧羊女游乐园，但是他根本不在意台上的表演，因为此时有一个风尘女子已经注意到他。她的手臂已经支到了他们的包厢上。这是个身体很胖的棕发女郎，皮肤被一层雪花膏抹得很白，一双黑色的眼睛用铅笔描得很长，嵌在有意画得很浓的眉毛下。她那过于肥硕的胸部将连衣裙的前襟绷得很紧，嘴唇涂得通红，就像一套流血的伤口，使她身上洋溢着一股野性和过于猛烈、炽热可是却能够撩人情怀的东西。

福雷思蒂埃带着迪鲁瓦在包厢里坐了下来，可是迪鲁瓦根本不在意台上的表演，因为此时有一个风尘女子已经注意到他。这个女人朝着一个正走过那里的女伴点头示意，用一种有意使人听到的声音对她说："看，这里有个漂亮小伙子，假如他肯出十个路易要我，我肯定会答应。"福雷思蒂埃听了便笑着揶揄迪鲁瓦，迪鲁瓦不由得满脸通红，手指不禁摸了一下背心兜里仅剩的那两个金币。

第二天，迪鲁瓦毕生第一次穿着租来的燕尾服去拜访福雷思蒂埃，结识了他的妻子玛德莱娜、报社总经理瓦尔特先生和他的太太，很多新闻界的朋友，以及马雷儿太太。玛德莱娜身穿一件浅蓝色的开司米连衣裙，勾勒出柔软的身材和丰腴的胸脯。她脸上所有的线条都显示出一种独特的美，一头稍稍卷曲的金发在脖子四周形成一圈蓬松的金色浮云。马雷儿太太身穿苗条，步履轻盈，深褐色的头发上插着一朵红玫瑰花，衬托出她的美丽容颜和活泼性格。

● 比利时1983年5月14日发行一套欧罗巴专题《重大成就》邮票，共有两枚，以画家P.Delvaux的作品为主题。其中邮票面值11比利时法郎，画面是画作《普通人》，描绘了公园里的一位男子正在悠闲阅报的情景。

● 俄罗斯2003年9月12日发行一枚邮票小型张，邮票面值10卢布，纪念俄罗斯新闻社成立300周年。邮票画面描绘了该新闻社所在的楼宇建筑和该社的新闻稿样，小型张图案描绘了各种采访报道所用的新闻器材，以及采编记者的各种工作场面。

● 西班牙2006年11月9日发行一枚邮票，邮票面值0.29欧元，纪念《先锋报》（La Vanguardia）发行125周年。邮票和首日封画面描绘了这份历史悠久的著名报纸。

● 西班牙2006年4月20日发行一枚邮票，邮票面值0.41欧元，纪念《阿维拉日报》（Diario de Avila）发行108周年。阿维拉是西班牙地势最高的一座小城，其古城墙是该城的象征。画面描绘了该城的标志性古建筑，以及男女读者正在阅读该报的情景。

不久，在玛德莱娜的帮助下，以迪鲁瓦署名的文章在报上发表了。他得意忘形，又向报社最能干的记者学习"五分钟内就掏空一个人肚子"的采访窍门，逐渐掌握了种种捏造、欺骗的手段。迪鲁瓦还广泛交友，不论是内阁阁员、将军、王公，还是警察、老人、妓女、主教、大使、车夫，他都和他们保持往来。不久，他就成为"一个使人注意的访员，消息可靠，性情圆滑，手段敏捷而且精细"。迪鲁瓦还对妇女有一种"罕见的吸引力"，经常与一些风尘女子来往。现在，他去拜访年轻美貌的马雷儿太太，很快就赢得了她的好感。

● 西班牙2004年4月1日发行一枚邮票，邮票面值0.27欧元，纪念《布尔戈斯日报》（Diario de Burgos）发行113周年。邮票画面描绘了一位报童正在街头叫卖这份报纸的雕塑，背景是布尔戈斯的街市景色。

● 美国2003年11月1日发行一套绘画艺术邮票，其中邮票面值37美分，画面是美国印象派画家卡萨特（Mary Stevenson Cassatt 1844—1926）1878—1879年间的画作《在阳台上》，描绘了一位秀丽的女子正在鲜花盛开的阳台上专心地阅读报纸，充分体现了画家的素描技巧和印象派画风。卡萨特是一位出身名门闺秀的女画家，也是唯一的一位十分活跃的美国印象派女画家。卡萨特作品中的女性形象端庄、健美，神态明智、安详，充分体现出了她所崇尚和追求的品位，也折射出了那个时代人们对于家庭和妇女的期望。

● 德国1993年3月11日发行一枚绘画艺术邮票，邮票面值100芬尼，邮票和极限片画面是德国表现主义画家乔治·格罗兹的画作《咖啡馆》，用诗意语言和夸张手法，戏剧性地展示了咖啡馆里光怪陆离的众生相。其轻盈的素描，以及透明的水彩画效果在画面中发挥得淋漓尽致。

● 中国发行的艺术明信片，画面是荷兰著名印象派绘画大师梵高的画作《餐馆内部》，描绘了法国小餐馆舒服雅致的氛围，浪漫温馨的情调：一张白布小桌，几把木制靠椅；壁上风景绮丽，面前花香扑鼻。

● 法国2003年5月24日发行"各地生活风情"系列第一枚小全张，共有十枚邮票，邮票面值都是0.50欧元。其中第八枚，画面描绘了法国名点丽饼（Crepe）。第九枚，画面描绘了法国名点卡苏莱（Cassoulet）。

一天晚上，马雷儿太太邀请福雷思蒂埃夫妇和迪鲁瓦到丽舍咖啡馆吃饭。他们坐在三楼一间像小客厅一样的雅室里，四壁张挂着红帷幔。一张方桌，四套刀叉，桌子上雪白的台布亮得仿佛涂了一层漆。两只很大的枝形烛台上点着十二根蜡烛。烛光将那些玻璃杯、银餐具和火锅照得闪闪发光，令人心旷神怡。

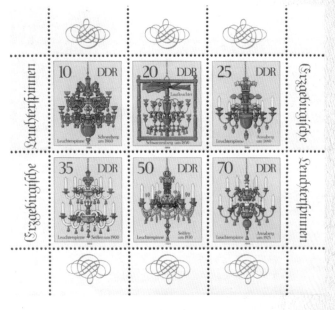

● 瑞典2006年11月9日发行一套圣诞节邮票，共有四枚，邮票面值都是5.00瑞典克朗。其中第四枚，画面描绘了圣诞节常用的蜡烛台，以及在烛台上点燃的一排蜡烛，营造了圣诞节夜晚朦胧而美丽的氛围。

● 民主德国1989年11月28日发行一枚邮票小型张，共有六枚邮票，以矿山制作的古典圣诞蜡烛台为主题。其中邮票面值10芬尼，画面描绘了1860年的Schneeburg烛台；邮票面值20芬尼，画面描绘了1850年的Schwarzenberg烛台；邮票面值25芬尼，画面描绘了1880年的Annaberg烛台；邮票面值35芬尼，画面描绘了1900年的Seiffen烛台；邮票面值50芬尼，画面描绘了1930年的Seiffen烛台；邮票面值70芬尼，画面描绘了1925年的Annaberg烛台。

马雷儿太太高兴地笑着说："今天晚上我们要尽情地喝，喝个尽兴！"他们一边品尝着各种佳肴美酒，一边闲谈起来。他们先提到某位贵妇人的桃色新闻，又谈论起爱情的话题，谈得越来越坦率，越来越露骨，越来越粗俗。几杯烧酒喝下去，他们兴奋的脑袋就更混乱、更沉重了。

● 法国2003年5月24日发行"各地
生活风情"系列第一枚小全张，
共有十枚邮票，邮票面值都是
0.50欧元。其中第三枚，画面描
绘了法国人十分喜欢的木偶剧
（Guignol）演出。

● 苏联1957年发行的明信片，图案是俄罗斯画家鲁达科夫·康斯坦金伊万诺维奇（1891—1949）为莫
泊桑小说《漂亮朋友》所绘的版画作品插图，描绘了福雷思蒂埃夫妇、马雷儿太太和迪鲁瓦聚会
时的情景：两位夫人的谈话此时愈来愈坦率了，马雷儿太太生性胆大，讲出来的话就像是挑逗。
福雷思蒂埃妻子玛德莱娜则比较保守，说话时的腔调、嗓音、微笑以致举手投足，都有点儿害
羞。福雷思蒂埃靠在靠垫上，不断地笑呀、喝呀、吃呀，时常说出几句很大胆粗俗的话来。迪鲁
瓦感觉到过度兴奋会乐极生悲，于是在一旁保持着沉稳的姿态。

　　临别的时候，马雷儿太太已经显露出可爱的醉态，迪鲁瓦便陪同她坐上出租马
车回家。车上一片黑暗，只有他们俩。迪鲁瓦感到马雷儿太太紧靠着自己，感到她
肩头的温暖。突然，他感到她的脚动了一下，似乎暗示着什么。他快速转过身，向
她身上猛扑过去……他成功了，终于抓到了一个女人，一个有夫之妇！巴黎上流社
会的一个女人！并且来得那么毫不费力，完全使他没有想到！迪鲁瓦就这样心神不
安地胡思乱想，想象着自己变成大人物，功名显赫，十分富有，爱情美满。在这种
幻境中，他忽然看到一长队雍容华贵的贵妇人，就像天堂里的仙女一样，一个个面
露笑容地从他跟前款款而过，随后又一个个消失在他梦幻里的金色云彩中。

● 法国1968年10月26日发行一枚邮票，邮票面值0.40法郎，纪念"小白床"儿童医疗基金建立50周年。邮票和极限片画面描绘了巴黎歌剧院大厅的楼梯建筑。

● 法国2007年发行《各地生活风情》系列第十枚小全张，共有十枚邮票，邮票面值都是0.54欧元。其中第六枚，画面描绘了法国张灯结彩的圣诞市场；第七枚，画面描绘了法国的勃逊（Le Bouchon）餐馆，以纯正的法国家常菜闻名遐迩。其环境浪漫而优雅，墙上挂着手风琴，粉笔字写着菜单，耳边萦绕着轻松的音乐，洋溢着法国浓郁的地方风情和韵味。

次日，当他在马雷儿夫人家见到她时，便支支吾吾地对她说："我是多么爱你啊！"于是，两人很快就沉浸在刚开始恋爱的甜蜜中。马雷儿太太的女儿洛丽娜也很喜欢迪鲁瓦，称他为"漂亮朋友"。迪鲁瓦感到马雷儿夫人的音容笑貌是那么亲切，那么朦胧，每时每刻都在脑海里浮现。接下来，马雷儿太太还出钱租了一套房子，每周二成为他们幽会的日子，他们去舞厅跳舞，去酒店喝酒，去游乐场所看戏。

不久，迪鲁瓦把自己的全部收入和积蓄都花完了，开始对这样花销的约会厌烦起来。有一次晚上，马雷儿太太邀他外出赏月，他有点粗暴地拒绝了。她立刻感到受了伤害，冷淡地说："我还不适应其他人对我这样说话。我自己去好了，再见！"迪鲁瓦发现事态严重，立刻扑到她跟前请求原谅，说出了自己已经没有钱的苦衷。她知道实情后十分同情他，临别时还在他的背心兜里放了一个二十法郎的金币。

● 芬兰2003年发行一套欧罗巴专题
《海报艺术》邮票，邮票面值都
是0.65欧元，共有两枚，以艺术家
Lasse Hietala创作的海报为主题。
其中第一枚，画面是《爱心》，
画家以夸张的笔法描绘了爱情的
丰富层次。

● 苏联1957年发行的明信片，图案是
俄罗斯画家鲁达科夫·康斯坦金
伊万诺维奇（1891—1949）为莫泊
桑小说《漂亮朋友》所绘的版画作品插图，描绘了迪鲁瓦和马雷儿太太幽会时的情景：马雷儿太
太勉强克制住怒火，冷淡地向他道别。迪鲁瓦知道事态变得严重了，于是立刻扑到她跟前，结结
巴巴地说："原谅我！亲爱的，原谅我！我今天晚上心情不好，很容易发火。"

　　福雷思蒂埃的健康日益恶化，夫妇俩便去南部海边的戛纳休息疗养。不久，福
雷思蒂埃病重，迪鲁瓦按照福雷思蒂埃夫人的要求，也去那里看望老友。戛纳小城
就像一个巨人静静地躺在海滩上，城里矗立着一幢古老的钟楼。海中的两个岛屿，
有如两个绿色斑点，耸立在深蓝色的海面上。福雷思蒂埃病死后，迪鲁瓦不失时机
地向玛德莱娜表示了爱情。回到巴黎后不久，玛德莱娜就嫁给了迪鲁瓦。

● 法国1960年发行一套风景名胜邮票，共有
两枚。其中邮票面值0.50法郎，画面描绘了
尼斯（Nice）海滨的风光景色，以及海边
妇女的民族服饰。

● 法国1946—1948年发行一套风景名胜邮票，共有三枚。其中邮票面值6法郎，画面描绘了夏纳（Cannes）海滨的风光景色。它位在滨海阿尔卑斯省的蔚蓝海岸地区，其优美洁白的沙滩闻名遐迩。夏纳既是过冬的胜地，也是避暑的天堂，冬天有和煦的阳光，夏天有凉爽的海风。美丽的海滨大道宽阔整洁，一边是海湾的沙滩，一边是雅致的酒店。酒店建筑既有上世纪的古代建筑，也有风格摩登的现代楼宇。街道中间的绿化带全年皆有繁花盛开，阳光下生机勃勃的棕榈树给小城增添了魅惑的元素。

● 法国发行的明信片，画面描绘了夏纳小城的风光景色。这里海水蔚蓝、绿树葱翠，气候温和、风光明媚。老城的街巷错综复杂，建筑高低错落。

　　但迪鲁瓦不满足于在《法兰西生活报》报社的现有地位，想勾引报社老板娘瓦尔特夫人得到更多的好处。瓦尔特夫人神态安详，端庄大方，光艳照人，虽然她已四十岁，女儿也长得和她一般高了。一天下午，他来到她家，猛地跪倒在地上，用充满激情的声音反复地对瓦尔特夫人说："……这是千真万确的，很早我就发疯般地爱着你。我忍无可忍，我已经疯了！"瓦尔特夫人全身发颤，不知如何应对。

　　从此以后，瓦尔特夫人每日每夜都与自己的情欲做着斗争。无奈之下，她去了巴黎圣三会教堂，向一位神甫求救："啊！救救我吧！可怜可怜我吧。假如你不帮助我，我就完了。"神甫只得答应了她的请求。可是几天以后，瓦尔特夫人居然向迪鲁瓦送来字条，要求同他幽会，迪鲁瓦再次取得成功。

● 法国1977年7月9日发行
一枚名胜古迹邮票，
邮票面值1.90法郎。邮
票和极限片画面描绘
了夜晚时分该教堂灯
光灿烂、庄重典雅的
瑰丽景色。

● 法国1980年5月12日发
行一枚邮票，邮票面值
3.20法郎，画面描绘了
多姆大教堂（Puy Cathedral）教堂庄严凝重的建筑风采。

● 法国1961年7月1日发行一枚邮票，邮票面值0.20法郎，纪念法国桑恩建城800周年。画面描绘了桑
恩（Thann）的St. Theobale's教堂，典型的哥特式建筑风格，高高耸立的尖塔直指云天。

● 法国1972年4月22日发行一套欧罗巴专题邮票，共有两枚。其中面值0.50法郎，邮票和极限片画面
描绘了巴黎圣沙佩尔教堂的建筑风采。该教堂建于13世纪，又名圣礼拜堂，是与巴黎圣母院同时期
的哥特式建筑。教堂分为上下两层，装饰得金碧辉煌。下层为公众使用，上层则为法国王室成员
使用。

　　每次见面时，瓦尔特夫人一直翻来覆去地说着那几句老话，什么他是她心目中
的偶像，她疯狂地爱着他等，等到离开他时又会发誓说，她见到他很高兴。她力图
以稚气的媚态，以少女般的恋情取悦于他，反而令他作呕。不久后，迪鲁瓦便开始
设法断绝与她的往来。

● 苏联1957年发行的明信片，图案是俄罗斯画家鲁达科夫·康斯坦金伊万诺维奇（1891—1949）为莫泊桑小说《漂亮朋友》所绘的版画作品插图，描绘了迪鲁瓦和瓦尔特夫人幽会时的情景：瓦尔特夫人轻轻走向迪鲁瓦，一副害怕驯服的神情："你对我太残酷了……你对我说话的时候那么凶……我做了什么对不住你的事吗？你想象不到我为你会有多么痛苦！"

有钱的沃德雷克伯爵患重病要死了，他没有继承人。迪鲁瓦想起他是妻子玛德莱娜的旧情人，便怂恿玛德莱娜去看望他。果然，伯爵死后，他的百万法郎遗产由玛德莱娜继承。这时，迪鲁瓦便以妻子与沃德雷克伯爵的亲密关系作为要挟，要求她把百万遗产平分做两份，轻而易举地占有了其中一份五十万法郎的财产。

● 加拿大1972年11月1日发行一套圣诞邮票，共有四枚，以圣诞蜡烛为主题。其中邮票面值6分，红色背景下的蜡烛；邮票面值8分，蓝色背景下的蜡烛；邮票面值10分，绿色背景下的蜡烛；邮票面值15分，棕色背景下的蜡烛。

为了占有更多的财富，迪鲁瓦经常出入报社老板瓦尔特的家中，目的是为了勾引他的第二个女儿——苏珊，她对他颇有好感，这样他便可以得到一笔一千万法郎的陪嫁。苏珊是一个小巧精致，身材纤细的金发美女，一张玩具娃娃般的脸庞娇小玲珑，两只蓝灰色的眼睛就像上过釉彩一样闪闪发亮，蓬松的头发浮云飘动，轻盈优美。处心积虑的迪鲁瓦为了解除与妻子玛德莱娜的婚约，早就在暗中窥视妻子的行踪，对她与外交部长拉罗舍之间的亲密关系洞若观火。

● 瑞典1972年11月6日发行一套圣诞邮票，共有三枚，画面采用儿童的画作。其中邮票面值45欧尔，画面描绘了各式各样点亮的圣诞蜡烛，蓝色、绿色、紫色、白色、红色……

● 瑞士1994年11月28日发行一套附捐邮票，共有四枚。其中邮票面值60分/附捐30分，画面描绘了夜晚燃亮的几根蜡烛，小小的火苗仿佛在跳动，在摇晃，在闪烁。

● 苏联1957年发行的明信片，图案是俄罗斯画家鲁达科夫·康斯坦金伊万诺维奇（1891—1949）为莫泊桑小说《漂亮朋友》所绘的版画作品插图，描绘了迪鲁瓦带着警察查验妻子奸情的情景：迪鲁瓦在门外等不及了，他突然用力把破旧的门锁撞开，看到玛德莱娜就站在他的面前，身上只穿着一件衬衣和一条短裙。警察盯着玛德莱娜问："您就是在场的这位新闻记者普罗斯佩·乔治·迪鲁瓦先生的合法妻子克莱尔·玛德莱娜·迪鲁瓦夫人吗？"她喉咙里像哽着什么，艰难地回答说："是啊，先生。""您在这儿做什么呢？"她沉默不语。

　　一天，迪鲁瓦确定是玛德莱娜与外交部长拉罗舍幽会的日子，便通知了警长带来几名警察前去那里查验奸情。他们在门外按了好几下门铃，好像听到最里边的房间里有了一些动静，然后传来了一阵轻微的、越来越近的走路声。有一个声音，有一个极力想把自己掩饰起来的女人声音问："是谁啊？"警长回答："我以法律的名义请你把门打开。"一旁的迪鲁瓦等不及了，他突然用力把破旧的门锁撞开，看到玛德莱娜就站在他的面前，身上只穿着一件衬衣和一条短裙，头发蓬乱，双腿赤裸，手中举着一根蜡烛。迪鲁瓦大叫一声跑了进去，看到床上有个男人在被子里藏着。迪鲁瓦一把掀开被子，露出的果然就是外交部长拉罗舍那张死灰色的脸……

过了一个小时，迪鲁瓦走进《法兰西生活报》办公室，对经理宣布说："我刚把外交部长撂倒了，他与我的妻子通奸，被我抓住了。我马上拟这条社会新闻。"迪鲁瓦又说："我自由了……也有了一些财产。十月份众议员改选时，我要在自己的家乡参加竞选，我的前途无量啊！"

● 德国柏林1989年10月12日发行一枚邮票，邮票面值100芬尼，画面是画家Hannah Hoch（1889—1978）的画作《新闻记者》，以漫画的夸张手法描绘了新闻记者形形色色的众生相。

● 奥地利1984年11月9日发行一枚邮票，邮票面值4.50先令，纪念康科迪亚新闻俱乐部（Concordia Press Club）成立125周年。极限片画面以漫画笔法生动地描绘了一位新闻记者的职业形象。

这样，迪鲁瓦终于找到了与妻子离婚的理由。三个月以后，法院宣判了他的离婚申请，他自由了。不久，他就怂恿报社老板瓦尔特的女儿苏珊与他私奔。三个月以来，他已经把苏珊紧紧地围罩在他精心编织的情网中，迷惑她、虏获她、征服她。苏珊听了私奔的想法兴奋得浑身发抖，险些鼓起掌来。她头脑中忽然浮现出书本上叙述过的各种诱人的冒险故事来。英雄黑夜拐美人啊，情人乘车私奔啊，夜宿荒村客店啊，诱人的梦境好像就要变为现实，多么富有诗情画意的情景啊！当晚深夜一点，苏珊不顾父母对这门亲事的坚决反对，果然离家出走，跟随着迪鲁瓦乘马车私奔了。

● 列支敦士登2008年发行一套圣诞邮票，其中邮票面值130分，画面描绘了一棵张灯结彩的圣诞树。极限片画面描绘了一辆红色的邮政马车到达城关门口，骑在马上的车夫吹响了金色的邮号。

● 德国1989年10月12日发行一套附捐邮票，共有三枚，以邮政发展历史为主题。其中邮票面值100芬尼/附捐50芬尼，邮票图案是一个穿着蓝色制服、留着八字胡的邮差得心应手地驾驶着1900年代德国巴伐利亚（Bavarian）的邮政马车。

● 奥地利1964年6月15日发行一套邮票，共有八枚，邮票图案采用与邮政有关的艺术作品，纪念1964年5月至6月在维也纳举行的第十五届万国邮联大会（邮票画面上方的德文字样）。其中面值1.20奥地利先令，画家Julius Hörmann的画作《驿站换马》，画面描绘了邮政马车在驿站更换新的马匹，以便继续前行的情景；面值1.50奥地利先令，画家Moritz von Schwind的画作《蜜月旅行》，画面描绘了一对新婚夫妇站在路边正在与马车夫商谈，准备搭乘邮政马车进行蜜月旅行的情景；邮票面值2.20奥地利先令，画面是画家Adam Klein的画作《山区行进的邮政马车》；邮票面值3奥地利先令，画面是画家Friedrich Gauermann的画作《边界的换马》。

- 法国2010年发行一枚欧洲首都系列邮票小全张，共有四枚邮票，邮票面值都是0.58欧元，图案以法国首都巴黎为主题。其中第四枚，画面描绘了挺拔高耸的埃菲尔铁塔。

- 法国1963年11月9日发行一套绘画艺术邮票，共有两枚。其中邮票面值0.85法郎，画面是法国画家马克·夏加尔（Marc chagall，1887—1985）的画作《埃菲尔铁塔下的新婚夫妇》。夏加尔生于俄国，早年的犹太人习俗是他根深蒂固的想象之源。他的风格兼有老练和童稚，并将真实与梦幻融合在色彩的构成中。

- 澳大利亚1988年发行一套以"共同生活"为主题的邮票，共有二十七枚。其中邮票面值68澳分，画面以"新闻媒体"为主题，采用漫画笔法描绘了记者采访热门新闻时，蜂拥而至的情景。

● 芬兰2003年发行一套欧罗巴专题《海报艺术》邮票，共有二枚，邮票面值都是0.65欧元，以艺术家Lasse Hietala创作的海报为主题。其中第一枚，画面是《读报的女子》，画家以夸张的笔法描绘了一位女子正在聚精会神地阅读报纸。

　　瓦尔特夫妇得知此事大发雷霆，但冷静下来理智思考后，只得无奈地同意这项婚事。当迪鲁瓦与苏珊在教堂举行婚礼时，主教高声赞美迪鲁瓦是世界上"最富有、最受人尊敬的人之列的"人，迪鲁瓦听了顿时感到轻飘飘起来，觉得有一种力量在向前推动他，使他飞黄腾达。现在他已经成了这个世界上的一个主宰者，但以前他不过是诺曼底乡下一个贫困农民的儿子啊。

主要参考文献

● SCOTT 2008 STANDARD POSTAGE STAMP CATALOGUE（英文版世界各国标准邮票目录）Scott Publishing Co. 2008.

●（英国）约翰·德林瓦特主编，陈永国、尹晶译，世界文学史（上、下册），北京：北京大学出版社，2011.

● 陈振尧主编，法国文学史，北京：外语教学和研究出版社，1989.

● 高文柱 周卫滨 方位津主编，外国文学名著速览（第2卷），北京：华夏出版社，2010.

●（法国）卢梭著，韩中一译，两情人·新爱洛绮丝，海口：南海出版公司，1991.

●（法国）夏多勃里昂著，许均编选，夏多勃里昂精选集，济南：山东文艺出版社，2000.

●（法国）司汤达著，郝运译，红与黑，上海：上海译文出版社，2010.

●（法国）雨果著，施康强、张新木译，巴黎圣母院，南京：译林出版社，2010.

●（法国）雨果著，许均译，海上劳工，南京：译林出版社，2012.

●（法国）梅里美著，夏雪译，卡门，呼和浩特：内蒙古人民出版社，2010.

●（法国）乔治·桑著，罗玉君译，安吉堡的磨工，北京：人民文学出版社，1980.

●（法国）小仲马著，王振孙、郑克鲁译，茶花女，南京：译林出版社，2011.

●（法国）都德著，柳鸣九译，磨坊文札，上海：上海世纪出版股份有限公司译文出版社，2011.

●（法国）莫泊桑著，王振孙译，漂亮朋友，上海：上海译文出版社，2006.

图书在版编目（CIP）数据

邮票上的爱情小说/杨健、郝一舒编著.—合肥：安徽人民出版社，2014.3

ISBN 978-7-212-07179-0

Ⅰ.①邮…　Ⅱ.①杨…　Ⅲ.①邮票—介绍—世界　②言情小说—小说集—世界

Ⅳ.①G894.1　②I14

中国版本图书馆CIP数据核字（2014）第009628号

邮票上的爱情小说

杨健　郝一舒　编著

出 版 人：胡正义

选题策划：李　旭

责任编辑：袁小燕

封面设计：陈　爽

出版发行：时代出版传媒股份有限公司http://www.press-mart.com

安徽人民出版社 http://www.ahpeople.com

合肥市政务文化新区翡翠路1118号出版传媒广场八楼

邮编：230071

营销部电话：0551-635332580551-63533292（传真）

印　　制：安徽新华印刷股份有限公司

（如发现印装质量问题，影响阅读，请与印刷厂商联系调换）

开本：787×1092　1/16　　　印张：19　　　字数：380千

版次：2014年3月第1版　2014年3月第1次印刷

标准书号：ISBN 978-7-212-07179-0　　　　定价：158.00元